总撰稿 龙平平
执行总撰稿 吴振兴 刘贵军
撰稿组 周锟 孔昕 叶帆子 王桢

陈云的故事

CHEN YUN DE GUSHI

【修订本】

《陈云的故事》撰稿组　著

四川人民出版社

图书在版编目（CIP）数据

陈云的故事/《陈云的故事》撰稿组著. —修订本.
—成都：四川人民出版社，2017.5（2025.6 重印）
ISBN 978-7-220-10167-0

Ⅰ.①陈… Ⅱ.①陈… Ⅲ.①陈云（1905～1995）-生平事迹 Ⅳ.①K827=7

中国版本图书馆 CIP 数据核字（2017）第 126382 号

CHEN YUN DE GUSHI
陈云的故事（修订本）
《陈云的故事》撰稿组 著

责任编辑	张东升 黄小红
封面设计	张迪茗
内文设计	戴雨虹
责任校对	蓝 海
责任印制	周 奇 刘雨飞
出版发行	四川人民出版社（成都三色路 238 号）
网 址	http://www.scpph.com
E-mail	scrmcbs@sina.com
新浪微博	@四川人民出版社
微信公众号	四川人民出版社
发行部业务电话	（028）86361653 86361656
防盗版举报电话	（028）86361653
照 排	四川胜翔数码印务设计有限公司
印 刷	成都东江印务有限公司
成品尺寸	144mm×204mm
印 张	8.75
字 数	182 千字
版 次	2018 年 3 月第 1 版
印 次	2025 年 6 月第 2 次
书 号	ISBN 978-7-220-10167-0-01
定 价	49.80 元

目录

目　录

走出青浦

1993年5月25日，上海虹桥迎宾馆景色怡人，但是住在这里的一位88岁老人却无心欣赏。他早早地坐在客厅的沙发上，兴奋地等待着即将到来的客人。这位老人，就是陈云。

时任陈云秘书的陈群回忆说："首长在前一天晚上就已经很高兴了，他说家乡的同志要来了，我要和他们见见面。"

陈云等待的，正是来自家乡青浦练塘的党政负责人。自从1961年最后一次回乡调研，他已经32年没有踏上故乡的土地了。

时任中共上海青浦区练塘党委书记的吕健康就是这一次见到了陈云，他回忆当时的情景：

进去我们就看到首长已经很高兴地坐在沙发上了，他的左边留了一个沙发，就叫我坐在他的旁边。我觉得呢，这次接见的第一感觉，就是他很亲切热情。第二就是他很关注我们家乡所发生的变化，而且对我们的工作也提出了好多的意见。

陈云热切地询问："现在农民种粮的积极性高不高？交通情况怎么样？自来水和马桶的问题解决了没有？"他说："一定要讲实话、办实事，扎扎实实地把每一项工作做好。"

家乡人告诉陈云，父老乡亲都盼望他能再回故乡看一看。陈云又何尝不想呢？多年以来，故乡故园都萦绕在他的心头。但是这位出生于江南水乡的农家子弟，此时的身体已经不允许他再去坐一坐温馨的小船，走一走熟悉的竹径了。

"我出生在上海，从小失去父母，是舅父把我养大的"

上海市青浦区练塘镇，一条名为"市河"、俗称"三里塘"的小河穿镇而过，河面时有扁舟荡过，孔孔石桥连接两岸，一派江南水乡独有的温婉与恬静。这里就是陈云的家乡。

对于家乡，陈云的感情是炙热的；在漫长的革命生涯中，他将小小的青浦练塘写进了整部党史。不过，陈云的童年并不美好。

陈云的父亲陈梅堂，母亲廖顺妹，还有一位大他 8 岁的姐姐陈星。与那个时代的许多家庭一样，陈云的父母上无片瓦，下无寸土，只能借住在陈徐祠堂里，靠给人打工帮佣度日。1905 年，陈云即将诞生的时候，族人认为生孩子"玷辱"祖宗，于是不再允许他们在祠堂居住。几经周折，陈梅堂最终在开米行的闵家租到两间简陋的小屋。6 月 13 日，陈云就在这间小屋中降生了，小名阿金。

陈云故居

遗憾的是，幼子出生的喜悦未能持续太久。陈云出生不久，母亲就瘫痪在床，两岁时父亲因病溘然长逝，4 岁时母亲也过世了。陈云和姐姐成了孤儿，只得靠外婆抚养。谁知两年后，外婆也一病不起。临终前，她叮嘱陈云的舅父廖文光，一定要把陈云姐弟抚养好。从 4 岁到 14 岁，是舅父母为陈云撑起了一片亲情的天空。6 岁那年，廖文光将陈云立嗣为子，改名廖陈云。但陈云仍喊廖文光为舅父。

廖家家境贫苦，拮据度日。尽管如此，廖文光夫妇依然尽其所有抚养陈云姐弟。他们原来经营裁缝铺，后来因为生意清淡，改开小夜酒店，主要是晚上卖点心和小菜，供做生意和听评弹的人宵夜。陈云乖巧懂事，自幼就在店里帮工，做些劈柴、洗菜、淘米之类的杂活。

幼年孤苦的经历，养成了陈云内向、沉静、早熟的性格，但他还是一位聪颖少年，是读书的好材料。1913年，舅父母把他送进上塘街的私塾接受启蒙教育。一年后，陈云进入练塘镇贻善小学读三年级。他天资聪颖，勤奋好学，每门功课都很优秀。

陈云有出息，是舅父母在贫苦中的一丝欣慰。然而，陈云快乐的学习时光未能持续很久。

建成于2000年的上海陈云纪念馆也坐落于市河边，馆长徐建平介绍了当年的情况：

当时，因为陈云的舅舅没有孩子，所以他就把希望寄托在陈云身上了，花了家里的一些积蓄给陈云去念书，读了一年私塾，后来又读了两年小学。但当舅舅自己有了一个儿子后，就没有更多的钱去供陈云继续读书，所以陈云只有回到家里面帮着带他的表弟，要抱小孩，还要做家务，没办法再继续上学，他很渴望上学。

后来在一位亲戚的资助下，陈云进入青浦县立乙种商业学校读书，但一个月后，因为没钱再次辍学。然而，短短一个月，异常刻苦的陈云基本掌握了珠算，还初步学会了写账，这成为他受益终身的技能。

对于舅父母的养育之恩，陈云始终怀着深深的感激之情，并尽可能去报答。到上海工作后，陈云拿到第一份薪金，就带舅父母到杭州去玩了一次。他克勤克俭，把几乎全部工资寄给家里。对于这个脆弱的家庭来说，似乎最困难的时光已经过去，随着陈云的成长，作为长子的他必将承担起照顾家庭的重任，舅父母也深深地信任着陈云。

但是，当陈云投身革命后，这一最初的愿望变得遥不可及。

1927 年，白色恐怖笼罩上海，陈云被迫离职，回到家乡领导农民运动。舅父很为他担心，一再劝他："生意没了可以再找一个，找到了生意后给你成一个家吧。"听了舅父这一番话，陈云心中如针刺一般。辗转反侧多日，最终还是毅然决然地离开了家乡，继续革命的征程。

陈云曾说，尽管他时刻未忘报答舅父母，但确实没有尽到长子的责任。离开家乡后，为了避免连累家人，他 6 年没有与家里通信，甚至 1937 年舅父过世时，陈云也不在身边。这些往事，每每触痛陈云的心弦。

徐建平说："他的舅舅 1939 年去世，当时陈云在延安，他知道他舅舅去世的消息后也很悲痛。他说我是舅舅、舅妈带大的，所以他就托了当时在国统区的周恩来把在新疆时候省下来的两百块钱津贴寄到了上海，给他的舅舅来做丧葬费。"

子欲养而亲不待，其中的心路历程，如陈云后来所说：

这点我们当年都计算了的，如果是只顾一个人的家庭子弟，就无法努力于改造整个社会，我们就这样决定了弃家奔走。

“舜禹南巡，崩不返葬。禹非不尊敬舜也，启非不孝于其父也。”正是少年时期的磨难、舅父母的艰辛求生，使陈云很早就认识到：“不推翻现在社会制度，个人及家庭问题没有出路，只有到了革命成功时每个人可以劳动而得食时，人人家庭都可解放，我的家庭也就解放了。”他把报答舅父母养育之恩的情感与伟大的共产主义理想结合起来，投身于大革命的滚滚洪流之中，从而使“小我”的恩情报答升华为“大爱”。

陈云兑现了他的诺言，倥偬戎马二十载，革命胜利，全国千百万家庭也迎来了希望。新中国成立后，陈云把舅母接到了北京。

徐建平馆长介绍：“后来他把舅妈接到了北京，给她养老送终，对他舅妈的感情也是很好。他不仅是个革命家，也是个孝子，对舅舅、舅妈的养育之恩他感觉到是要报答。”

“我出生在上海，从小失去父母，是舅父把我养大的”，更是陈云晚年常说的一句话。

“没有您先生，就没有我今天”

说起乡愁，陈云最为惦念的家乡故人，除了亲人，还有恩师。时间回到 1917 年，从青浦县立乙种商业学校辍学的陈云，遇到了人生中的第一个转机。酒店的常客中，有一位名叫杜枢的文化人，时任练塘镇公立颜安小学校长，他对年幼瘦弱、却聪敏好学的陈云很是欣赏，便保荐陈云免费入颜安小学高小部读书。

张行恭

在颜安小学，陈云遇到一位令其感恩终身的老师——张行恭。

张行恭，字子谦，松江人，当时任班主任。他为人热情，思想进步，文学造诣很深，深受学生们的爱戴。

张行恭老师的外孙张禧回忆自己的外祖父：

在颜安小学里面，他上课的时候呢，除了教书育人以外，还会大量灌输当时一些新文化的思想。比如说像康梁的，孙中山的，等等。这些思想感染了他当时所带的这一班的学生。

这个班的学生中，就有陈云。

1919 年陈云高小毕业前夕，适逢“五四”运动爆发，颜安小学的师生们也很快行动了起来。1939 年延安纪念“五四”运动 20 周年，陈云应《中国青年》杂志之约撰写文章，描述了当年的情境：

“五四”的时候我才 15 岁，是一个高等小学三年级的学生。

那个学校是在上海附近的乡间，很快就受到五四的影响。我们由一个姓张的教员领导着罢课之后，还进行了宣传和演剧。我还记得我们演的剧叫做《叶名琛》，我也扮了一个角色。有一次在茶馆里讲演，我演讲的时候手足似乎蛮有劲，把脚一顿，桌子上的茶壶都给碰翻了。

陈云所说的“姓张的教员”就是张行恭。如今，练塘古镇那蜿蜒的青石路仍然娓娓诉说着当年的启蒙故事。

尽管在高小的收获很多，但是这年夏天，陈云再次因贫困失学了。他回忆道：

我是在练塘的高等小学毕业，毕业后当然无力升学，眼看着有钱的同学一个个到外县和上海升学，我只能在家帮助抱小孩，做些小饭店的杂务。

后来，陈云曾在莫斯科获副教授职称，但每逢填写各种登记表，“文化程度”一栏里，陈云总是工整地写上“小学”二字。他曾意味深长地说：“我永远是小学生!”

1919 年秋，张行恭作为班主任到毕业生家中走访，却发现“独其最优秀的廖陈云同学，株守在家”，不禁大感可惜。

张禧回忆：“我的外祖父，非常地喜欢陈云，就觉得这么好一个学生，这么样就浪费掉了很可惜。我外祖父就跟他的舅父说，我自己经济也很困难，也没有这个力量去资助陈云上学，那么我现在只有一个办法。我一个弟弟叫张子宏，在上海商务印书馆，他现在已经进商务印书馆十年，当了文具仪器柜主任，那么我想，我只有托到他，看看他是不是能够帮忙。于是回来以后，就写了一封信，寄到了上海的商务印书馆，也就是他弟弟那里。”

事如人愿，一个月后接到回信，让陈云立刻动身前去应聘。在1919年12月8日清冷的晨光中，陈云乘一叶小舟离开了当时属于江苏省青浦县的练塘小镇，跟随张行恭来到了远东第一都市——上海。他跨进位于今河南中路的商务印书馆总发行所的大门，在这里实现了脱胎换骨的成长，成为了一名坚定的中国共产党员，开拓了一片全新的人生境界。对于恩师的感情，由此变得更加强烈。但是由于突如其来的变故，这对师生的联系中断了。

张禧说："到了1927年到1928年的时候，我们的地下党暴露了，陈云就事先离开了，所以国民党没有抓住他。他离开上海以后，我的外祖父跟他就失去了联系，只知道陈云失踪了。"

国难日紧，抗战爆发。1944年，张行恭逃难到了重庆，却意外收获了陈云的消息。

当时的心情，张行恭曾这样向张禧描述：

我走到马路上面，看到一个报摊，在卖个杂志。杂志上面写商务印书馆出了两个财政部长，一个财政部长是总经理王云五，一个财政部长是延安的中共苏区的财政部长，叫廖陈云。我一看这个标题，喜出望外，马上把这个杂志买了下来。买下来一看里面的内容，讲得蛮清楚的，廖陈云当了苏区的财政部长。我心里很高兴，失去联系已经一二十年，廖陈云还在，原来参加革命去了，到了延安了。

17年未见，在张行恭的心目中，浮现出的也许还是当年那个谦恭、好学的聪颖少年。然而，此时的陈云已经是中共中央西北局委员、西北财经办事处副主任，早已成为了中国革命的中坚力量。

1948年11月初，陈云担任沈阳军事管制委员会主任时，托商务印书馆沈阳分馆的同志向上海总馆转致对张行恭、张子宏两位先生的问候。张行恭得知后，马上给他去信，事后陈云给老师回了一封充满感激之情的信："我衷心感谢先生您和子宏先生，因为你们帮我离开练塘，进入商务，在那里使我有可能走向革命的方向。"

1951年12月初，陈云因公到上海，他邀请张行恭、张子宏、张子孚三兄弟到他的住处畅叙别情。后来，陈云多次到上海，只要有空，他总要到四川北路张行恭住所看望。一次，陈云打破了"不吃请，也不请吃"的惯例，专门邀请张行恭和张行恭的大女婿、土木工程专家张佐周等人到兴国路招待所一起吃饭。席间，陈云拉着张老师的手，深情地说："没有您先生，就没有我今天。"

这份师生之情，既是深厚的，也是纯洁的。1958年，张行恭唯一的儿子张维明大学毕业后被分配到青海医学院工作，陈云在1953年还专门见过张维明，张行恭思量再三，写信给陈云希望能调儿子到近一点的地区工作。但是，陈云回信予以婉拒。

张维明回忆说：

后来陈云同志给我父亲回了一封信，信上面写道：这个事情，你真有这个需要，可以通过组织，组织给你调回来就可以，你有这个困难，我不便于直接安排，应该自己有什么要求通过组织安排。

这封回信内容也许在很多人看来有些不近人情，但还是得到了张行恭一家人的理解。

张维明说：“我们觉得他很坚持原则，老师该尊敬要尊敬，该有原则还是要讲原则。所以后来我们就再没有什么更进一步的要求，我们就安心地在那儿了。”

张行恭于1964年因病去世，陈云发唁电深表哀痛。不久，师母也因病卧床。陈云得知后，托人到老师家中转达问候。

在张行恭夫妇晚年一直陪伴身边的张禧说：“陈云一直放在心上，我外公去世了以后，我外祖母怎么样，有的时候，逢年过节，也寄一点钱给她作为生活费。对于我的外祖母，陈云称作是师母。”

师母去世后，陈云连夜发出唁电，并以学生的名义送了花圈，为这段跨越半个世纪的师生情划上了一个完满的句号。

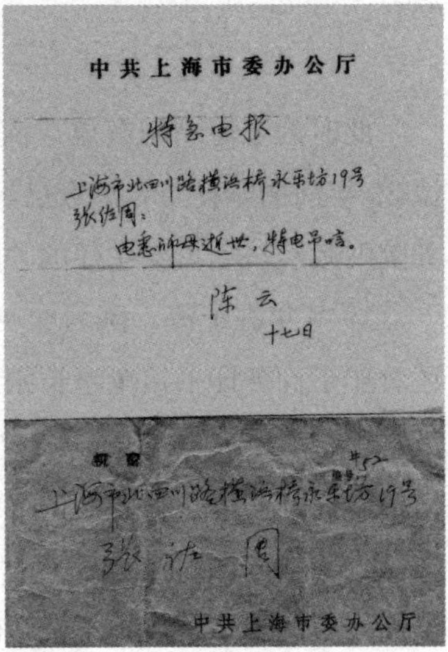
中共上海市委办公厅

特急电报

上海市北四川路横浜桥永乐坊19号
张佐周：
电悉师母逝世，特电吊唁。

陈云
十七日

上海市北四川路横浜桥永乐坊19号
张佐周
中共上海市委办公厅

陈云唁电

“商务印书馆是我在那里当过学徒、店员，也进行过阶级斗争的地方”

1949 年 9 月，商务印书馆出版的第一期《商务职工》上，刊登了一则题为《欢迎陈云同志来沪》的报道，其中说：

陈云同志是民国十六年以前本馆发行所的职员，是发行所职工会的第一届委员之一，商务第一次的大罢工，他是一个领导人。这次他因公到上海，抽空到发行所来访问老同事。虽然有许多人没有看见他，更有许多人不认得他，但是他每到一个地方，总要到商务去看一看，商务印书馆就像他的第二家庭一样。

此时的上海刚刚解放，商务印书馆以特殊的心情，迎接这位 30 年前的学徒工，如今已经是中共中央书记处候补书记、政务院财政经济委员会主任的“陈云同志”。

1949 年在上海，陈云会见了商务印书馆工会主席石敏良，还看望了商务印书馆董事长张元济。

陈云对张元济说：“我不久前在东北工作，看到沈阳、长春这两个商务印书馆各方面都很好，请放心！”陈云还邀请张元济从政，为新中国建设贡献力量。张元济十分感动，放弃了他自参加维新变法失败后永不从政的誓言，积极参加政治协商会议。

今非昔比，其实，当年陈云进入商务印书馆可是颇费周折。

发行所所长见陈云长得瘦小，说：你长得与柜台一般高，如何做事？先回去，等长大了再来。

张维明回忆道："当时我叔父（张子宏）就说小孩子刚刚来，现在还没有长，以后还会长的，现在要是不够柜台下面垫一点东西也可以解决问题。后来就说那先试试。"

于是，陈云被派到文具柜，拜张子宏为师傅。张子宏做了一条一尺多高的木垫子，让陈云站在上面接待顾客。

陈云做事谨慎细心，加上悟性好，进步极快。当时学徒期一般为三年，陈云两年便破格升为店员，后来又提升为分店文具柜主任。

工作进展顺利的同时，陈云的思想则产生了更为长远的进步。

20 世纪 50 年代就进入商务印书馆工作，如今已是商务史专家的钱普齐介绍：

商务印书馆在清朝光绪二十三年在上海创办的时候，是一个很小的印刷厂。张元济进来，就明确了商务的经营宗旨，他提出辅助教育，启迪民智，这样商务印书馆就开始编教科书。在"五四"运动前后，就是用新人，最新改革就是杂志，第一个就是在国内外有影响的《东方杂志》，还有一个就是《学生杂志》，还有一个《小说月报》，都是一些为年轻人提供进步思想的。

陈云充分利用商务印书馆图书特别丰富的有利条件，如饥似渴地学习，常常读书到深夜。他回忆道："在商务时期，对我在文化上的得益很大……我自信也是很用功的一个人，练字，上夜校，读英文。"

徐建平馆长也说："商务印书馆是上海最大的一个文化教育出版机构，在商务印书馆内有中共党组织。所以这个时候陈云也接触了进步思想，接触了进步书籍。"

1925年，"五卅"运动爆发，成为促进陈云思想转变的重要契机。

他和工友们一起上街，义卖一份只要一个铜板的《公理日报》。陈云虽然"还只是一个随资本家罢市的店员"，但目睹帝

上海商务印书馆旧址

国主义的残忍，他真切地感受到了在人民群众中蕴藏的伟大能量。

“五卅”运动的浪潮迅速席卷全国的同时，上海的工人运动也迅猛发展。作为工人阶级的一员，陈云深知由于帝国主义的暴虐和资本家的剥削，工人阶级一直生活在水深火热之中。中共上海市委党史研究室副主任徐建刚说：“陈云在这里很明显地感受到了民族矛盾和阶级矛盾。所以在这里他逐步对工人运动有了兴趣。”

1925年八九月间，陈云由董亦湘、恽雨棠两人介绍，加入中国共产党。这其中，还有一些鲜为人知的渊源，钱普齐告诉我们：“茅盾入党以后，他就介绍了董亦湘（入党）。董亦湘入党以后呢，就介绍了陈云入党。陈云最早参加共产党，是在什么地方呢？那个时候他调到虹口书店了。所以现在上海四川路虹口书店的那个地方，是一个纪念陈云的地方。”

从此，陈云为中国的革命、建设和改革事业奋斗了整整70年。他后来说：“我自觉入党时经过考虑，而且入党以后，自己觉得此身已非昔比，今后不是做‘成家立业’的一套，而要专干革命。这个人生观上的改革，对于我以后有极大的帮助。”

陈云领导工农运动，也起自商务印书馆发行所的罢工行动。1925年8月21日晚，陈云在上海大学附中主持商务印书馆发行所工人运动积极分子会议。会上，他被推选为罢工临时委员会的委员长。陈云后来回忆：“1925年8月21日的商务罢工我是领导的一个人，任当时发行所罢委的委员长。罢工以后即组织工作，我即当选为工会委员长。”

钱普齐评价当年陈云领导的罢工行动：

在罢工当中，为了要保持秩序，陈云就把商务的职工，像军队一样，编成团、连，每个地方有专门负责，开始建立了纠察队。工人纠察队以后在党的支持下，搞兵备军事训练，为以后周恩来领导三次武装起义，奠定了基础。

如同陈云后来所说："当时商务发行所的主任和高级职员认为我是克勤克俭而求上进的一人，在他们心目中我将来在商务很可被他们看中的一个，但罢工一起，居然为罢工委员长，他们就完全出乎意外。而在青年店员中对我平常的品行的印象很好，有信仰与号召力的人。"

在陈云等人的领导下，商务印书馆的罢工斗争取得了胜利。9月1日，商务印书馆发行所职工召开全体大会，正式成立职工会，陈云被推选为委员长。次年，他又成为商务印书馆职工会的委员。在这一年多的时间里，初出茅庐的陈云领导了一系列卓有成效的斗争，展现了出类拔萃的领导能力。而且，他与商务印书馆的关系并未因此而恶化。如钱普齐所说："陈云在商务参加工人运动罢工的时候，并不是要搞垮商务。所以商务印书馆也知道，他们是爱国行动。"不过，陈云的这一份职业因为突发的事件而终止了。

1927年"四·一二"反革命政变爆发，身处白色恐怖中心的陈云不得不离开商务。离别时，陈云对朝夕相处的工友们说："我要走了。""我此去一不做官，二不要钱，三不妥协，只为了

1925 年 9 月，陈云（前排左三）同上海商务印书馆发行所职工会执行委员合影

要跟反动派坚决斗争到底，求工人的解放。”他还念了一首打油诗：“铁窗风味，家常便饭。杀头枪毙，告老还乡。”

陈云离开商务印书馆的第二天，军警就前来拘捕，淞沪卫戍司令部也发出了通缉令，但他们最终一无所获，陈云从此没了踪影。钱普齐回忆：“离开了以后，商务的职工一直在讲，陈云究竟在哪里，也可能牺牲了。”

在陈云心中，商务印书馆也绝不是领到生平第一份薪水的地方那么简单。从某种意义上说，商务也是引导他接触进步思想、开展革命活动的一位导师。新中国成立后，他一直关心商务的发展，这份缘分再未中断。用钱普齐的话说：“我们商务老工人认为陈云了解商务，热爱商务，后来一直关心支持商务的生存发展。”

时光荏苒，1982 年 2 月 11 日是商务印书馆建馆 85 周年日，准备在人民大会堂召开纪念会。出乎所有人的意料，陈云送来一份贺礼。钱普齐回忆当时的情况：“我们向陈云汇报了搞个纪念活动的情况，就这样简单地向他汇报了一下。后来就得到了这个题词。”

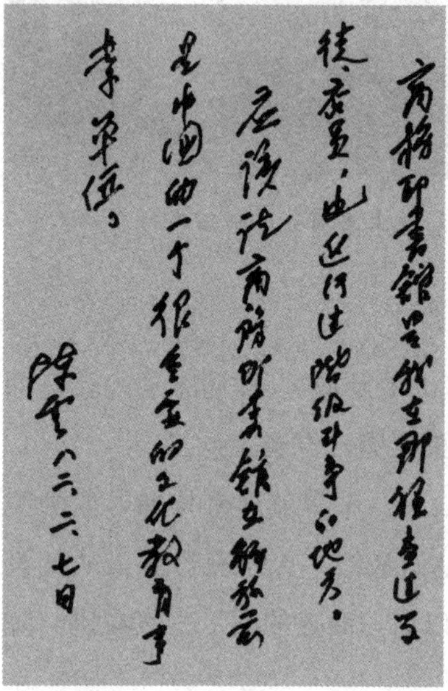

陈云为商务印书馆建馆八十五周年题词

陈云题词的全文是：“商务印书馆是我在那里当过学徒、店员，也进行过阶级斗争的地方。应该说商务印书馆在解放前是中国的一个很重要的文化教育事业单位。”

1986 年，陈云为商务印书馆建馆 90 周年题词：“商务印书馆九十年”。同年，还为商务印书馆上海印刷厂建厂 90 周年题词：“发扬革命传统，做好印刷工作”。在陈云的关心下，走过百年风雨的商务印书馆，今天仍然是我国文化领域的一面旗帜。

“这是我人生中间，非常重要的一段”

1994年春天，陈云最后一次离开了他所眷恋的上海。回到北京不久，他就住进了北京医院，从此再未能回家。到第二年春天的一天晚上，病重的陈云突然叫住了陪护的女儿陈伟兰。陈伟兰回忆：

父亲在临终前的两三个月，发着烧躺在病床上，那会儿他的气管已经切开了。有天晚上快十点了，我正要走，他说把那个塞子给塞上，他要给我说几句话。

陈云郑重地说：“如果没有到上海，没有当工人，没有到商务印书馆，就没有机会接触共产党。从青浦到上海，这是我人生中间，非常重要的一段，这步迈出去以后，才有机会接触到共产党，才有这一生。”

从青浦到上海，陈云走出了家门，更从成家立业的“感恩”走到了为国为民的“大爱”。故乡潺潺的河水，依然讲述着满腔热血的聪颖少年“破茧成蝶”的不凡经历。

两个多月后，90岁的陈云静静地走了，或许回到了那片他思念许久的竹园，或许回到了照片上那个书生意气的年代，留下的是许多富有传奇色彩的故事。所有故事都诠释着他的一句名言：“一个人最愉快的事，就是参加革命，为人民的利益而斗争。”

特科风云

1987年6月23日，北京医院名誉院长吴蔚然看望陈云。陈云让警卫员赵天元去找过去曾戴过的一顶铜盆帽，说要给大家讲讲上海滩的故事。上海滩的故事，便是20世纪30年代陈云早年在上海担任中央特科负责人时，所经历的惊心动魄的往事。

陈云戴过的帽子

警卫员赵天元回忆起当时的场景，还颇为生动：

他就把帽子戴在头上，他说一般情况下我们戴帽子都压得很低，压过眉毛，好不让别人看着，因为上海滩的特务太多。然后他又表演，把帽子戴的靠左侧往左偏一点，他把脚呢蹬在他的脚蹬上，说这叫左青龙，然后把这个帽子又戴到右边，说这叫右白虎。

1981 年 11 月 8 日，陈云在接见中央特科党史专题座谈会代表时回忆说："特科是周恩来同志直接领导下的党的战斗堡垒。特科是一个有战斗力的白区党的地下组织。"

多年之后，长子陈元曾这样评价父亲陈云的特科工作："特科的工作是我父亲第一次进入中央领导机关所担任的职务。特科的书记，对他来说是惊心动魄的，斗争非常激烈残酷的一段经历。"

"1931 年顾顺章叛变以后，我是特科主任"

1927 年大革命失败后，包括陈延年、赵世炎、罗亦农、彭湃、杨殷等在内的中国共产党的许多重要领导人先后被捕牺牲，党的事业遭受了巨大的损失。如何在严重的白色恐怖之下保证中共中央及领导人的安全，是党面临的一个严峻的任务。

1927 年 11 月，中共中央在上海建立中央特科。一年以后，中央决定成立由向忠发、周恩来、顾顺章组成的中共中央特别工作委员会，领导特科工作。

陈元曾听父亲陈云讲述过特科的一些事迹，他回忆说：

去镇压叛徒，主要的执行者身上什么都没带，一张纸片都没带，也没有钱。按事先想的方案，叛徒出现在一个地点，确认之后，会有几个人同时从他们最近的地方，比如说是一个鞋摊，比如说是路边放垃圾的一个桶里，事先全放好了枪，枪全上了膛，在那一瞬间几乎同时拿枪，第一人上去看准了立刻开枪，不开第二枪，马上转身就走，枪马上转移，有人接应。第二个同志上去补枪，不管死不死再补一枪，然后再有第三个执行者，上去确认已经被击毙，要不行的话，他可以再补一枪。大概在几十秒到两分钟之间，全部战斗完成，大概三五分钟就可以散的干干净净，现场一个人也没有，非常漂亮。

位于上海武定路930弄14号的一座不起眼的旧楼，是中央特科机关的旧址。中央特科是一个相当神秘的组织，一度汇集了聂荣臻、陈赓、潘汉年、李克农、项与年、曾希圣等后来的中共著名领导人，对外称“新新公司”，所有的活动内容严格保密。

中共中央特科下属中央电台训练班所在地

中央特科的组织机构经历了几次变动，在顾顺章叛变发生时，中央特科共分四科，一科即总务科，负责中共中央机关的庶务工作；二科即情报科，负责搜集敌人情报；三科即行动科，也称“红队”，负责肃清内奸，营救被捕同志；四科即无线电通讯科（前文为“交通科”），负责中共中央与各地党组织的电台联系。

有人评价说，很多同志都是从特科的队伍里头走出来，走上党的、军队的领导岗位，特科可以说是特定历史下的一种特殊形势的武装斗争，并且起了极大的作用。

1931 年 4 月的一个深夜，中央特科工作人员李克农急匆匆地敲开了陈云的家门。他带来了一个令人震惊的消息，中央特科领导人顾顺章被捕叛变，形势危急。

由于工作上的原因，顾顺章对中央机关和中央领导人的住所很熟悉。中共中央面临着被一网打尽的危险。幸好，这一机密情报被潜伏在国民党内部的中共地下党员钱壮飞截获。钱壮飞派自己的女婿连夜赶往上海找到李克农，请他向中共中央紧急报告。然而这一天并不是李克农与接头人会面的日子，李克农竟也一时无法把这份重要情报报告中央。情急之下，李克农想到了同周恩来有着工作联系的中共江苏省委书记陈云。

很快，陈云联系到了周恩来。由于事态紧急，周恩来把陈云调来中央特科，协助处理后续事宜。陈云临危受命，协同周恩来召集聂荣臻、陈赓、李强等，商定对策，采取应变措施：立即改变接头地点、接头暗号，销毁机要文件，中央领导人赶快转移。

鉴于党内众多同志并不认识顾顺章，为加强防范，陈云派人连夜找了一个印刷所，花了四倍的价钱，在两小时内印刷了一百多张顾顺章的照片分发到上海各级党的组织，让大家及时采取应对措施，避免更大的损失。

接着，陈云组织人员，仅用几个小时的时间，就把中共中央、江苏省委和共产国际远东局机关全部安全转移，聂荣臻、陈赓、李克农、李强等特科工作人员也紧急转移出上海，使得国民党破坏中共中央领导机关的计划完全破产。

聂荣臻后来回忆说：

两三天里面，我们紧张极了，夜以继日地战斗，终于把一切该做的工作都做完了。等敌人动手的时候，我们都已转移，结果，他们一一扑空，什么也没有捞着。

当特务冲进周恩来住处之时，文件燃烧的纸灰还没烧尽。用敌人的话讲：中共中央和国民党情报机关的差距，前后只有5分钟。有研究者指出："如果中共中央机关被敌人一网打尽，对中国革命的打击将是不堪设想的，中国共产党的历史或许就会改写。"

陈云在处理顾顺章叛变的过程中所表现的坚定勇敢、果断冷静、沉稳干练的杰出领导才能获得了党中央的认可。

顾顺章的叛变使中共许多重要机关和地下工作人员身份暴露，已经建立的情报网遭到严重破坏。1931年5月，周恩来报请党中央批准，改组了中央特别委员会和中央特科。新的中央特别委员会由周恩来、陈云、康生、潘汉年、邝惠安组成。在危难之际，陈云成为新的中央特科负责人，挑起了重建中央特科的重担。

1981年11月8日，陈云在接见中央特科党史专题座谈会代表时回忆说：

1931 年顾顺章叛变以后，我是特科主任，康生叫老板，潘汉年叫小开，我叫先生。一直到 1932 年我去搞工会工作，康生接任。康生后来走了，以后就是潘汉年负责。

中央为什么选择陈云出任特科负责人？特科所要求的素质，第一要胆大，第二要心细，第三做事要有条不紊，这三个素质陈云都兼备。有研究者指出：这个时候从共产国际到中共党内，大家都认为应该要挑选无产阶级出身的，党龄比较长的，有第一线丰富斗争经验的同志来主持和参与中央特科的领导，甚至还提到最好是工人出身。那么这些条件都符合的，恐怕只有陈云。在这样一个背景下，陈云就被推上了中央特科的领导岗位。

“开铺子做买卖”

在陈云刚刚接手特科之际，党的总书记向忠发又被捕叛变。中共中央机关和有关人员不得不大转移，甚至连陈云自己都面临被搜捕的危险。

有一次，陈云要到青浦朱家角去。为躲避敌人，他头戴礼帽，身穿大褂，手里提了一个皮包，皮鞋也是锃亮，一派商人的形象，可还是被特务给盯上了。当发现有特务跟踪时，陈云沉着冷静地走到一个茶馆，要了一碗茶，跟踪的特务紧盯不放也到茶馆里要了一壶茶。陈云灵机一动，喊来茶馆的伙计，说要出去买一包香烟，马上回来，请他关照一下自己的东西，说完就出去了。特务想皮包放在这里人肯定走不了，就没有出门跟踪。陈云立即把特务甩开，脱离了危险。原来陈云的皮包是空的，没有东西，他拿着皮包就是为了做掩护的。

也有更危险的情况，有时候特务已经跟踪到我党的联络点才被发现。这时候，已经没别的办法，就只有把这个特务请进门来，把门一关杀了，就地把特务埋在房间地下。只有当时那么残酷的环境下，才不得不采取这样严厉的措施，这对保卫党组织和中央都是非常必要的。

此时中央特科面临的局面，异常艰难。一方面，特科的工作刚刚因为顾顺章事件而遭受沉重打击；另一方面，周恩来虽然最初没有离开上海，但是他只能潜伏，不能抛头露面，等待机会撤退到苏区。在这样一个艰难的转折时期，陈云领导特科工作，开辟了工作的新局面。

为了更好地保护党组织和中共中央，惩治叛徒，同时打开特科工作的新局面，陈云采取了一系列措施来改变中央特科的工作方式和活动方式，实行新的隐蔽政策。

过去特科组织与工作人员在党内并没有严格隔离，陈云主持特科工作后，首先改变这种状况。他根据少而精的原则，调整内部组织，将已有一定程度暴露、不宜继续做秘密工作的主要干部李强、李克农、陈赓等调离上海；同时撤销第四科，将通讯电台的工作移交中央秘书处，其余三个科进行精简缩编。陈云兼一科科长，潘汉年兼二科科长，康生兼三科科长。他又改变特科的活动方式，要求一切工作人员的社会职业必须是真实的，有着落的，从而能够深入社会活动，通过社会活动建立起各种社会关系，以这些社会关系掩护特科的工作。同时采取更严密的防范措施，强调单线联系，严格限制相互之间的往来。

陈云花了几千块钱，由一些同情革命的可靠人士出面，办了一二十个小铺子，散布在上海各个地区，以做买卖的形式掩护特科人员的往来接头。他在上海红庙路派人开了一个木器家具店，像一个旧货商店的样子。那时在白色恐怖严重的上海，中央经常要根据形势的变化，设立或撤销某个机关。有了这个木器店，机关搬家的时候，东西都弄到它那里去，要成立机关，没有家具又可搬来，很方便，可做仓库，又可做商店，还能提供接头。因为他是上海人，所以非常了解这个城市的语言和风俗，如鱼得水。

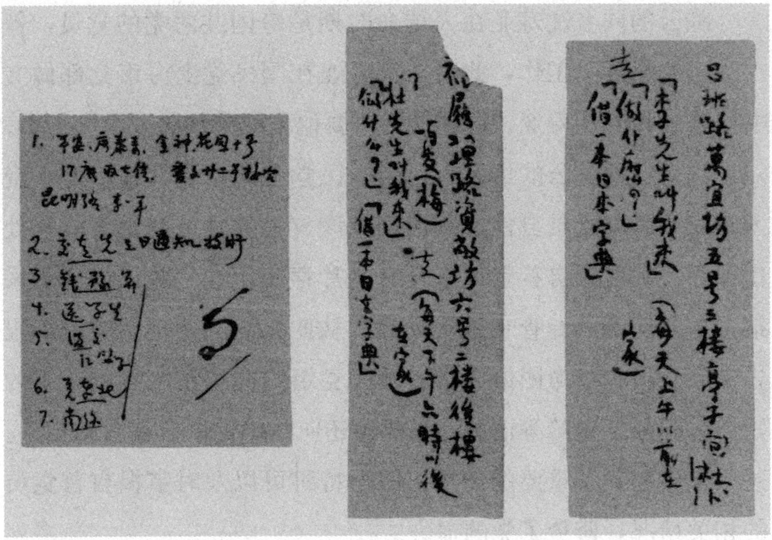

中共上海地下组织接关系用的部分暗语条

据当年从事过特科工作的李士英回忆：“我和陈云同志会面时，他穿一件长褂子，外面套一件短背心，戴一顶红帽子，俨然一个账房先生。”“开铺子做买卖”，使中央特科有了比较可靠的社会根基，更利于开展隐蔽斗争。

20世纪30年代的上海，鱼龙混杂，是反动、黑暗势力的大本营。工人出身的陈云清楚地知道，特科人员要想立足上海，必须要有明确的社会职业，同时，针对特科工作的特殊性，他还提出了特科人员“同流不合污”的工作原则。陈云指示特科人员切忌清高、孤芳自赏，也就是同流而不合污的原则。

除了隐匿自身，在陈云的领导下，中央特科人员积极打入敌人内部，建立了新的情报网。

陈云的同乡沈寿亚在大革命时期是跨国共两党的党员，曾在陈云的领导下工作，此时，沈寿亚在国民党上海市党部做文书。陈云找到沈寿亚，同他谈话，要他长期潜伏起来为党工作。

沈寿亚在陈云的指示下，向国民党上海市党部组织部负责人建议，中共党员自首的登记表应该与一般党员登记表分别处理保存，并建议自首登记者应有相片存底。这一建议得到了采纳，并调沈寿亚专管自首登记表。从此，沈寿亚定期向组织报告中共党员和革命团体成员去国民党组织部秘密自首登记者的姓名、职务、年龄等情况，必要时还向组织提供自首者的相片。这一工作起到了重要的作用，使得特科可以及时掌握自首党员的相关情况，避免了党的损失。

原中央特科工作人员陈养山回忆说：

在陈云同志亲自筹划下，集中一切力量，千方百计利用社会关系，终于在（上海）警备司令部、法英巡捕房等机构重新建起反间情报关系。这个阶段虽用时仅一年，但各项工作很快恢复，成效很显著。

陈云的工作能力也得到了中共中央和共产国际的认可。共产国际代表曾说：

这个人花了几千元，搞了二三十个铺子，证明这个人不简单。

陈云领导特科取得好的业绩，跟他个人的品质是有关系的。首先在白色恐怖下，需要对党和革命事业的忠诚，同时要非常睿智，在紧急情况下，该出手时就要出手，该决断的时候马上就要决断；另外要对这个城市、对敌我的形势有一个非常准确的评价，才能够做出新的决策。

1932 年 3 月，陈云担任临时中央政治局常委。这一年的冬天，因为负责转移中共领导人瞿秋白，陈云见到了鲁迅。陈云也是党内不多的见过鲁迅的高级领导人。陈云在《一个深晚》里曾详细地回忆起这次同鲁迅的会面：

1932 年阴历十一月的某一天，大约是深晚 11 时许了，我坐着一辆黄包车，把戴在头上的铜盆帽挪低到眉毛以下，把吴淞路买来的一件旧的西装大衣的领头翻起盖满两颊，由曲曲弯弯的小路到了北四川路底一路电车掉头的地方就停下了黄包车。付了车钱，往四边一看，没有人“盯梢”，我就迅速地走进了沿街的一座三层楼住宅房子的大门。

四川北路拉莫斯公寓，鲁迅在上海居住过的寓所之一，现在称作北川公寓。

1932 年，上海的白色恐怖日益严重，中共临时中央政治局委员卢福坦等被捕叛变，形势极为严峻。瞿秋白、杨之华夫妇随时面临被捕的危险。11 月下旬，得知有叛徒在跟踪杨之华，瞿秋白夫妇紧急转移到鲁迅家中暂避。为了鲁迅的安全，在甩掉叛徒之前，杨之华在街上转了三天三夜，才来到鲁迅位于拉莫斯公寓的住所。

虽然鲁迅自己的处境也很困难，但他在危急中不避艰险，安全地保护着瞿秋白。瞿秋白夫妇在鲁迅处住了半个来月后，中共中央决定接出他们，转移到另一个安全的住处。这个光荣而艰巨的任务交到了陈云手中。

就是在这个深晚，陈云敲响了鲁迅的家门，见到了鲁迅。

当我们下半只楼梯的时候，我回头去望望，鲁迅和女主人还在门口目送我们，看他那副庄严而带着忧愁的脸色上，表现出非常担心我们安全的神气。秋白同志也回头望了他们一眼，说：“你们进去吧。”他们默不作声地点了点头。当我们走下到了二层楼梯口，才听到三层楼上啪的一声关上了房门。

1936 年 10 月 19 日，鲁迅先生去世。陈云深感悲痛，饱含深情地写下这篇回忆文章《一个深晚》，纪念他和鲁迅的唯一一次会面。

那身穿灰布棉袍和庄严而带着忧愁脸色的鲁迅立刻在我脑子里出现，似乎他还在说："深晚路上方便吗？"

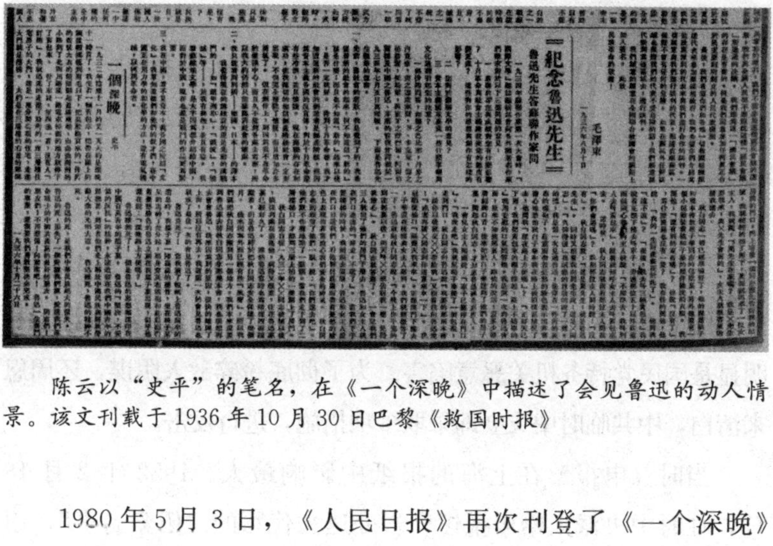
紀念魯迅先生
魯迅先生答蘇聯作家問
毛澤東
一個深晚
史平

陈云以"史平"的笔名，在《一个深晚》中描述了会见鲁迅的动人情景。该文刊载于 1936 年 10 月 30 日巴黎《救国时报》

1980 年 5 月 3 日，《人民日报》再次刊登了《一个深晚》这篇文章。1984 年 2 月，《陈云文选（第一卷）》（一九二六——一九四九年）出版发行，陈云特意将这篇文章收入其中。

"伍豪启事"

陈云对在特科一起工作和战斗过的生死战友，一直怀有很深的感情。

1967 年 6 月，周恩来致电陈云：关于 1932 年 2 月上海报纸登载伍豪先生的小广告，这件事你是否知道？陈云回答：我记得，有这两个广告。

1932 年 2 月，上海《时报》《申报》等多家报纸，先后在醒目的位置刊登了《伍豪等脱离共党启事》，启事以伍豪的名义宣称伍豪等 243 人即日起脱离共产党。启事一经刊出，就引起不小的震动。

伍豪，是周恩来 1919 年在天津创办觉悟社时用过的别名，党内文件中也曾用过这一名字。此时的周恩来早已前往中央苏区，这明显是国民党特务机关恶意陷害。为了彻底粉碎敌人阴谋，还周恩来清白，中共临时中央立即采取多项措施，进行反击。

当时《申报》在上海的报纸中影响最大。1932 年 2 月 18 日，临时中央派人给申报馆广告处送去代写的"伍豪启事"，用来否定国民党伪造的启事。广告处律师说：《申报》没有刊登《伍豪等脱离共党启事》，所以不便刊登"伍豪启事"。20 日《申报》刊登了伪造启事后，临时中央当天又派人到申报馆询问：既已登《伍豪等脱离共党启事》，为何不登"伍豪启事"？广告处律师回答说：铺保手续不合，不能刊登"伍豪启事"。几经交涉后，终于在申报馆总经理史量才、顾问陶行知支持下，同意用广告处名义，于22日在报上公开答复：“伍豪先生鉴：承于本月18日送来广告启事一则，因福昌床公司否认担保，手续不合，致未刊出。”这是当时在国民党统治下公开否认他们伪造《伍豪等脱离共党启事》的一种方法。

这份“伍豪启事”在当时并没有造成多么大的影响，很快被平息下去。然而，几十年后，这件事却成为江青等人恶意攻击周恩来的武器。

“文化大革命”开始后，江青见到有人从旧报纸中翻出的“伍豪启事”，如获至宝，立即批给林彪、周恩来、康生，说什么“查到一个反共启事，为首的是伍豪（周××）”。周恩来当即给予驳斥，指出其纯系敌人伪造。

伍豪事件又多次被人提出，陈云都仗义执言：

我当时在上海临时中央。知道这件事的是康生同志和我。对这样历史上的重要问题，共产党员要负责任，需要向全党、全世界共产主义运动采取负责的态度，讲清楚。这件事完全是国民党的阴谋。

限于“文革”特殊的政治环境，伍豪启事终究没有一个明确的结论。1974年9月20日，病危中的周恩来做最后一次大手术。进手术室前，周恩来特意要来1972年6月在中央批林整风汇报会上自己作的《关于国民党造谣诬蔑地登载所谓“伍豪启事”问题》的报告录音记录稿，并郑重地签上了自己的名字。1976年，周恩来逝世。

1981 年 11 月 8 日，陈云在接见中央特科党史专题座谈会代表时特别提出，要把“伍豪启事”的前前后后搞清楚。

在陈云的亲自过问和指导下，中央党史资料征集委员会、中央文献研究室和中央党史研究室联合撰写了《伍豪启事的前前后后》一文。

1983 年 1 月 23 日，陈云将这篇文章及附件批转胡耀邦、叶剑英、邓小平、李先念等中央领导人，并指示中央办公厅将这批材料印发政治局、书记处、中央有关部门和各省市委，文章由党史资料征集委员会在内部刊物上发表。

在陈云出面过问下，“伍豪启事”至此尘埃落定，真相大白。

1981 年 11 月，陈云会见当年的中央特科工作人员（左起）刘鼎、李一氓、陈养山、李强

在 1981 年 11 月 8 日的这次会上，陈云谈起众多默默无闻战斗在敌人内部的特科工作人员时深情地指出："特科是一个有战斗力的白区党的地下组织。特科出过若干个有名的或者党内大多数人不知名的有功绩的同志。"

特殊使命

《（乙）遵义政治局扩大会议》是一份对中国共产党和中国革命有着重要历史意义的遵义会议的传达提纲，写作时间未知，作者也没有署名。这份提纲究竟是怎么来的？作者究竟是谁呢？

缺少文献记载的遵义会议

由于“左”倾教条主义的危害，中国共产党脱离了群众和广大同盟者而陷于孤立境地，不但在白区的组织丧失殆尽，也丧失了中央苏区等主要的根据地，在与国民党的军事斗争上也处于严重的被动境地。第五次反“围剿”失败后，中央红军自1934年10月中旬开始突围长征，到11月下旬，人员已损折过半。突围中由于实行“大搬家式的行动”，队伍行动迟缓，始终无法冲出国民党围追堵截的包围，面临被全歼的危险。“左”倾教条主义者对此无计可施，一筹莫展。

1935年1月15日至17日，中央在贵州遵义召开了中央政治局扩大会议。时为中央政治局常委、遵义警备司令部政治委

1935 年 1 月，陈云出席中共中央政治局在遵义召开的扩大会议。图为会议会场。墙上照片为遵义会议纪念馆悬挂的出席这次会议的中央政治局委员和候补委员。左起：陈云、朱德、周恩来、毛泽东、张闻天、王稼祥、博古、刘少奇（其中缺邓发、何克全）

员的陈云参加了这次会议。会议上，毛泽东作了长篇发言，对导致第五次反“围剿”失败、长征初期严重损失的单纯防御战略的错误作了深刻的分析。他的发言得到了周恩来、朱德、刘少奇、陈云等大多数人的支持。

后来，博古在回忆遵义会议的情况时说：“教条宗派统治开始完结，基本上解决了问题。”

“中国共产党成熟的标志。独立自主地正确解决自己的重大问题。”1982 年 5 月，陆定一参观遵义会议会址时，手书了对遵义会议的四条评价，这是其中一条。

张闻天在整风笔记里写道：

没有遵义会议，红军在李德、博古领导下会被打散，党中央的领导及大批干部会遭受严重的损失。遵义会议在紧急关头挽救了党、挽救了红军。

邓小平在回顾党的历史时曾说过：

遵义会议之前，我们的党没有形成一个成熟的党中央。我们党的领导集体，是从遵义会议开始逐步形成的，也就是毛刘周朱和任弼时同志。

遵义会议集中力量纠正了当时具有决定意义的军事上和组织上的错误。这次会议的重大意义，正如 1945 年 4 月中央《关于若干历史问题的决议》所指出的：

这次会议开始了以毛泽东同志为首的中央的新的领导，是中国党内最有历史意义的转变。也正是由于这一转变，我们党才能够胜利地结束了长征，在长征的极端艰险的条件下保存了并锻炼了党和红军的基干，胜利地克服了坚持退却逃跑并实行成立第二党的张国焘路线，挽救了“左”倾路线所造成的陕北革命根据地的危机，正确地领导了 1935 年的“一二九”救亡运动，正确地解决了 1936 年的西安事变，组织了抗日民族统一战线，推动了神圣的抗日战争的爆发。

党的十一届六中全会通过的《关于建国以来党的若干历史问题的决议》明确指出：

1935 年 1 月党中央政治局在长征途中举行的遵义会议，确立了毛泽东同志在红军和党中央的领导地位，使红军和党中央得以在极其危急的情况下保存下来，并且在这以后能够战胜张国焘的分裂主义，胜利地完成长征，打开中国革命的新局面。这在党的历史上是一个生死攸关的转折点。

然而，由于当时条件困难，会议未能留下完整的资料，专家在研究遵义会议时遇到了困难，以致一些重要的情节在党史研究和宣传中说法不一。比如，会议召开的时间、出席的人员与人数、有什么决定等等。鉴于有关遵义会议的文献留传后世的只有《中央政治局扩大会议总结粉碎五次“围剿”战争中经验教训决议大纲》和《关于反对敌人五次“围剿”的总结决议》，主要是纠正博古和李德在反对国民党军队的第五次“围剿”作战中实行单纯防御、在长征中实行退却逃跑的战略错误等方面问题，并没有涉及改组党中央的领导问题。

如何复原遵义会议就产生了一定困难，特别是遵义会议的酝酿过程、主要议题、中央在遵义会议期间人事重大变动等情况，均缺乏坚实的史实作依据。

《（乙）遵义政治局扩大会议》的主人是陈云

1956 年，苏共中央决定将共产国际中共代表团档案移交给中方，中央办公厅即派中央档案馆工作人员赴莫斯科，把 1922 年至 1943 年间有关中共中央的档案，带回北京。此批文献数量巨大，足有几百箱，后来一直存放在中央档案馆。《（乙）遵义政治局扩大会议》就是这批档案中的一件。由于没有署名，没

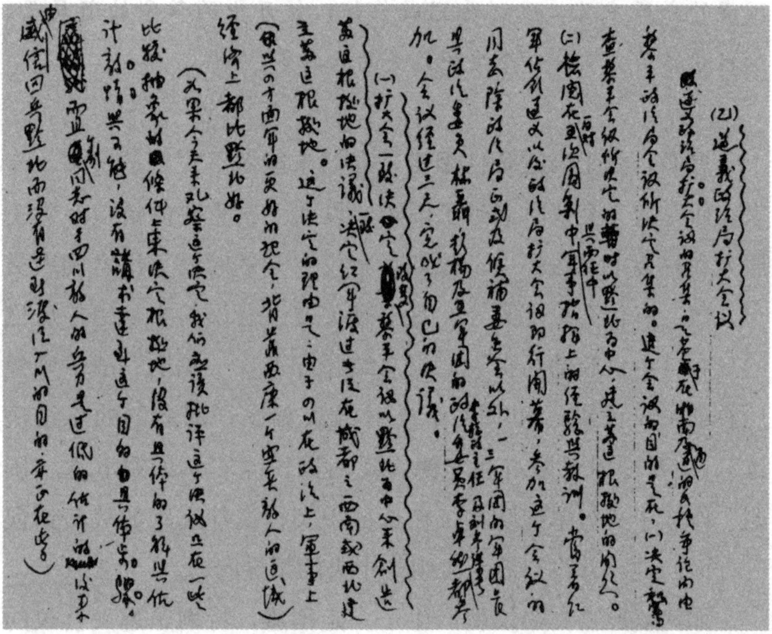

1935 年 2 月或 3 月，陈云从云南省威信县到贵州省仁怀县鸭溪镇的行军途中写的遵义会议传达提纲手稿

有注明日期，也没有找到上、下相关的部分，再加上其他的一些原因，这份文件在 1980 年以前，除了向为数很少的党史研究部门提供过复印件外，一直静静地躺在档案馆里，几乎没有人知道它的存在，更没有人知道它的意义。

1982 年 4 月 23 日，中央档案馆的工作人员将手稿的复制件分送给参加过遵义会议的聂荣臻、杨尚昆和邓小平等同志，请他们辨别鉴定。

据陈云秘书朱佳木回忆：

党史资料政委会的领导同志跟我讲，这个东西已经拿给很多人看了，包括邓小平同志、聂荣臻同志、杨尚昆同志，凡是参加过遵义会议的还在世的同志，都给他们看，大家都没有印象。那时候工作比较多，陈云同志每天要看文件，是有一定限制的，一些很重要的事情，当前的一些急迫的事情还等着他去看、去处理。3 月份到杭州以后，陈云同志休息的差不多了，我就抱着一种试试看的心情，把这个拿给他。大概过了两个小时，陈云同志把我叫去了，叫去以后就给我讲，这个东西是他写的，是他的笔迹。他说他还拿给于若木同志看了一下，于若木同志说不错，是你的笔迹。因为于若木同志过去在延安的时候经常给他誊写稿子，所以对他的笔迹很了解。他说是我的笔迹。我大喜过望，我是学过党史的，我对这种事情很有兴趣，所以我也很兴奋。陈云同志就给我讲，他说这是我在遵义会议之后向干部传达的稿子。在过泸定桥以后中央决定我回上海恢复白区党组织，那么我就把文件全都留下来了。这份东西就可能是当时我留下来的，后来带到了延安。陈云同志说完后，我回去把他这个话写出来然后经过他本人看，他认可以后我马上给中央档案馆打电话。正好是他们的负责人接电话，听了以后也是兴奋不已，一字一句地把它记下来，搞了一个电话记录。这就解决了我们在党史中一个非常大的问题。我们只知道遵义会议有个决议，但是遵义会议到底有一些什么决定，里面有哪些具体内容，在党史界很多事情不清楚。那么这份档案，就把好多问题都讲清楚了。

真相大白，水落石出，原来这份文件的作者就是遵义会议的参加人和传达人陈云。

1983 年 8 月，这份档案由《中共党史资料》第六辑刊出，题为《遵义政治局扩大会议传达提纲》。

《遵义政治局扩大会议传达提纲》的发现，恰恰弥补了《关于反对敌人五次“围剿”的总结决议》和《中央政治局扩大会议总结粉碎五次“围剿”战争中经验教训决议大纲》的不足。由于陈云在当时担任中央政治局常委，又亲历了遵义会议全过程，并受中央委托向部队传达会议精神，所以，他亲笔书写的《遵义政治局扩大会议传达提纲》是有关遵义会议的重要文献。它是迄今为止所发现的有关遵义会议内容最为完整的原始材料。

1985 年 1 月 17 日，为纪念遵义会议召开 50 周年，《人民日报》发表这份《遵义政治局扩大会议传达提纲》。当月出版的《红旗》杂志也刊登了陈云的另一篇文章《随军西行见闻录》。

《随军西行见闻录》最初发表时署名廉臣。陈云又为什么不署真名呢？

向世界宣传红军长征的第一人

红军长征开始后，蒋介石一方面调集部队对红军主力进行围追堵截，另一方面疯狂破坏白区党的组织，致使上海的党组织遭到严重破坏。由于中央红军长征后唯一的一台大功率电台在湘江之战中被毁，因此无法与共产国际建立直接的联系。

渡过湘江后，中共中央为了重新建立与共产国际的联系，曾派一名从事党的地下工作的同志到上海与地下党联系，但是行动未能成功。

中央红军在毛泽东领导下，采取声东击西的战略，大踏步进退，四渡赤水，南渡乌江，吸引滇军东调，然后突然从贵州西进，直逼昆明。由于遵义会议批评了共产国际支持的人，党中央认为十分有必要将长征和遵义会议的有关情况及时向共产国际方面通报，以取得他们的理解和继续支持。同时也必须恢复白区党的组织，以配合红军主力作战。共产国际的代表一直在上海，由于陈云曾在那里做过地下工作，会讲当地话，于是中央决定派陈云到上海去完成这一使命。陈云后来回忆说："到昆明时，中央决定派我去沪……想从昆明走，不果，折回红军中。"

张闻天夫人刘英曾回忆说：

遵义会议后，要改组后勤队，那时后勤队叫红章纵队，它是负责部队搬运工作的。毛主席指示，部队要缩编，机关要精简轻装，要舍得丢掉坛坛罐罐，并让陈云负责这件事。当时，整个后勤队带的东西很多，陈云就大刀阔斧地砍，除了档案资料、报话台、银元等必须随身携带外，其他能舍弃的都要下决心处理掉，该扔的扔，该埋的埋。陈云办这件事确实很果断，很有气魄的。经过整顿，我们后勤纵队中，比较年轻力壮的同志都充实到战斗部队，这些事都是陈云办的，中央认为陈云能办事，会办事。

其时，红军正准备抢渡金沙江。金沙江水流湍急，两岸都是悬崖峭壁，中间只有羊肠小道通向岸边。国民党为防止红军渡河，已下令把所有船只掳往对岸，并控制对岸渡口。红军能否顺利渡过金沙江，关系着全党和全军的安危。

陈云后来在共产国际执行委员会书记处会议上关于红军长征和遵义会议情况的报告中回忆道：

这里必须叙述一件事，就是云南的龙云将军无意中帮了我们很大的忙。龙云本想派飞机给四川的一位将军送去军用地图和大批药品，可是飞行员病了，于是龙云决定派汽车送去。有一位司机自告奋勇，愿意担此重任。我们攻克一座城镇后，我和司令部的其他几位同志从公路上过，发现迎面驶来一辆汽车。我们当即缴获了这辆汽车，在车上发现了几十份军用地图和大批治伤的好药。这些正是我们急需的东西。我们打开这些地图，发现有9处渡口。我们还了解到，有的渡口只有1条渡船，有的渡口有3条渡船。这使我们对成功渡江信心大增。

1935年5月31日，中共中央在泸定县城召开政治局常委会议。1977年8月23日，陈云同遵义会议纪念馆负责人的谈话时说："过泸定桥后，中央开了会，决定要我去上海恢复白区工作，因为那时白区的党组织已经被破坏了。我离开时，刘伯承给我开了两张证明，要我到他老家四川的弟弟那里去。"

1978年5月18日，陈云在审查中国革命博物馆党史陈列时，也谈到此事，说：

1935年6月，到了懋功雪山脚下的灵关殿，我就离开了，这是中央开的泸定桥会议决定的，决定恢复白区工作，派我、潘汉年、夏采曦三人到上海去恢复白区工作。我们各走各的……大概工作了三四个月，后来……我也去莫斯科了。

从上述陈云谈泸定桥会议内容看，中央决定派他去上海的主要任务是恢复那里被国民党反动派破坏了的党组织。当时党的地下组织——上海中央局是1933年1月中共临时中央政治局迁入中央革命根据地瑞金后成立的，它是"党中央的派出机关，它的任务是代表党中央领导党在国民党统治区域中的工作，保持和疏通党中央与共产国际驻中国代表之间的联系"。

1934年10月，党中央率领红军主力离开瑞金进行战略大转移后，共产国际十分关心红军的动向，但只能引用外电和报刊提供的资料，来了解红军在国民党统治区内与军阀进行战斗的情况。11 月 6 日、13 日、14 日苏联《真理报》连续发表三篇署名文章：《新的战区》《中国农村的破产》《争夺四川的斗争》，12 月 15 日发表《饥饿的中国》。从这些文章中不难看出，共产国际是多么迫切盼望能尽快得到来自中共中央和红军内部的真实情况，以便对红军适时给予指导和帮助。因此，1935 年 6 月，当中共驻共产国际代表得到红军总政治部宣传部长兼地方工作部长的潘汉年，受党中央派遣离开长征队伍到了上海的消息后，立即派联络员和共产国际代表与潘汉年联系。

8 月间，陈云与上海地下党组织发生关系，并与再次到达上海的潘汉年接上头。上海党组织向陈云传达了中共驻共产国际代表团的意见，陈云和潘汉年都去莫斯科。但因陈云的任务是在上海恢复白区工作，故决定陈暂不去，让潘汉年先走。……8 月中旬，上海的党组织再次遭到破坏，根据共产国际在沪代表的意见，陈云也不得不离沪赴莫。……从 10 月 2 日起，陈、潘分别以史平、白林的化名，同陈潭秋等人一起开始参加中共代表团的会议，陈云并成为中共代表团的三个正式代表之一。

泸定桥会议后，刘伯承为陈云写了两封亲笔信，托在成都的一位朋友和在重庆的弟弟协助陈云赴上海。6 月上旬，在红军攻占天全、芦山后，陈云随军抵达天全县北面的灵关殿，只身从这里悄悄地离开了长征队伍。临走时，陈云带了一本线装的《三国演义》，并从林伯渠那里领了到上海恢复党白区工作的经费，把大面额的钞票放在随身携带的一只热水瓶瓶胆下面。

陈云昼夜兼程，五六天后，到达成都。陈云拿着刘伯承的亲笔信找到了美丰银行董事胡公著，并托他把钱汇给在上海一家银行任副总经理的章乃器。次日一早，陈云托人去成都春熙路上的《新新新闻》报馆，刊登一则《廖家骏启事》：

“家骏此次来省，路上遗失牙质图章一个，文为廖家骏印，特此登报，声明作废。”

这个启事是陈云事先同周恩来商量好的，是他向中央报告自己平安抵达成都的信号。

在中国革命正处于低潮，白区党组织被破坏殆尽，特务、叛徒到处搜捕共产党人的情况下，像陈云这样的中共高级领导人，在人地生疏的环境中，独自一人横穿大半个中国，远赴敌人统治的核心区域，其危险性可想而知。1935 年 7 月，陈云终于到达上海。白色恐怖下的上海，有不少变节的叛徒，其中很多人认识陈云，不少地方都挂着陈云的通缉令，上面有陈云的画像。

陈云长子陈元后来回忆说：

父亲有一次上街，到车行里叫了一个出租车，低头从柜台往里一望，叫车的人是个叛徒。当时这个场面就很紧张，我父亲说了一句，你要说出去，共产党饶不了你，共产党不会放过你！那个人把帽子往下一拉，派出一辆车，我父亲乘车就走了。就这样，陈云利用叛徒心虚的弱点，一次次地躲过了被叛徒告密的危险。

此时的中共上海地下党组织已连续 4 次遭受严重破坏。中共驻共产国际代表团鉴于上海地下党组织屡遭破坏，来信指示取消上海临时中央局，并将中共在上海的一些人员接到莫斯科。

陈云在上海寻找地下党组织关系和等候去苏联的一个多月时间里，写下了追述红军长征的文稿《随军西行见闻录》。为了便于公开发行与流传，他以“廉臣”为笔名，假托一个被红军俘虏的国民党军医的口吻，详细、生动地记载了 1934 年 10 月中央红军由江西出发，历时八个月、途经六省、行程 12000 里的传奇经历。

红军的长征是世人广泛关注的一件事情。从 1927 年大革命失败后，由于国民党的封锁，国内外新闻媒体一直没有关于中国共产主义运动的第一手报道，只能靠国民党政府“剿匪”的陈词滥调来判断中国的政局。

红军被迫长征后，蒋介石宣称红军已“溃败”，只剩下极少数人在“逃窜”。这篇弥足珍贵的历史文献，由于用第三者的面目出现，得以在国外和国民党统治区广泛流传，戳穿了蒋介石的谎言，说明真相。它最早于 1936 年 3 月在巴黎《全民月刊》上登载，接着在莫斯科出版单行本，此后便很快传回国内，并以《从江西到四川行军记》《从东南到西北》《长征两面写》等

1935 年秋，陈云化名“廉臣”撰写了介绍中国工农红军长征的《随军西行见闻录》。图为 1936 年 7 月在莫斯科出版的单行本及新中国成立前在国内流传的三种单行本

书名多次出版，迅速风靡海内外，翻印再版不计其数，成为中外各界了解长征、了解红军、了解共产党的必读之书，有力地宣传了中国革命和以毛泽东为代表的正确路线。

《随军西行见闻录》是第一部反映红军长征这一震撼世界的重大事件的著作，它比美国记者埃德加·斯诺撰写的《红星照耀中国》出版时间还要早一年多。《随军西行见闻录》文学水平较高，在国内外传播较广。陈云虽然没有走完长征全程，却是最早记录和宣传长征的人，因此陈云可以称得上是向世界宣传中国工农红军长征这一伟大壮举的第一人，为长征胜利做出了独特的贡献。

远赴苏联完成特殊使命

1935 年 8 月上旬，陈云与陈潭秋、曾山、杨之华等人在宋庆龄的帮助与巧妙安排下秘密地乘上了一艘苏联货轮。当陈云登上货轮后，才发现没有随身携带刮胡刀。上海有很多国民党特务，而且很多人都认识他，陈云就把钱交给一位苏联船员，请他下去帮忙买了一个刮胡刀。刮胡刀 7 毛 5 分钱，装在一个胶木盒里。陈云晚年最后一次住院的时候，还是用这把刮胡刀，他每天早上都要刮，直到生命的最后。

为了避开敌人的搜查，陈云藏在船的底舱里，那里霉腐气味刺鼻，空气稀薄，又不能发出任何响动，直到货轮驶出吴淞口他才走出底舱。陈云一行在海参崴下船后，从那里改乘火车经西伯利亚于 9 月上旬抵达莫斯科。

陈云一行抵达莫斯科后，很快受到了苏联领导人斯大林、莫洛托夫、伏罗希洛夫等人的接见。

这时，共产国际第七次代表大会刚闭幕不久。由于共产国际与中央红军已长时间失去联系，陈云便借此机会在 10 月 15 日召开的共产国际执委会书记处会议上，向共产国际领导人详细地汇报了红军长征和遵义会议的情况。

陈云赴共产国际汇报工作及回国路线示意图

张闻天夫人刘英曾对陈云的汇报有一个评价：陈云到共产国际后，就把我们的国际路线打通了。他报告了红军长征经过和遵义会议情况：批判了“左”倾错误路线，撤换了靠铅笔指挥的战略家，推选了毛泽东担任领导，使红军从此掌握了进攻的主动权。汇报以后，共产国际领导很满意。在此之前，有人造谣说红军被消灭了，实际上经过长征红军是发展壮大了，而且产生了以毛泽东为代表的党中央。所以说共产国际这条路线是陈云首先打通的。

陈云详细、客观的报告，使当时已很长时间没有得到直接来自中共中央消息的共产国际有机会正确了解中国共产党和中国革命的真实情况，增加了对毛泽东为首的中国共产党领导人的了解和信任，共产国际因而迅速转变了态度，明确表示支持毛泽东在中国共产党内的领袖地位。

这也是中国共产党高层领导最早系统地向世界阐述长征过程的报告。陈云的这个报告，不久被人整理成题为《英勇的西征》的文章，以他在莫斯科的化名“史平”的谐音“施平”署名，于1936年春发表在共产国际机关刊物《共产国际》杂志（中文版）第一二期合刊上，成为后人研究长征和遵义会议历史的珍贵资料。

我们党在领导中国革命和建设的过程中，曾经两次处在重大的历史转折关头，迫切需要形成新的坚强的中央领导集体，提出新的指导思想，开辟适合中国国情的前进道路。两次历史性转折，一次以遵义会议为标志，一次以党的十一届三中全会为标志。在这两次历史性转折中，陈云都发挥了重要作用。

中组部长

1937 年 12 月至 1944 年 3 月，陈云曾任中共中央组织部部长达 7 年之久，在这一时期，他把马列主义建党学说与中国实际结合起来，在党的建设方面提出了许多独创的见解和观点，做出了不少科学的决策。

“马克思送来了天兵天将”

1937 年 11 月 29 日，32 岁的陈云搭乘王明、康生等从苏联回国的飞机到达延安。这时，陕北的天气已经变得很冷，毛泽东等中共中央领导人冒着寒风到机场迎接。毛泽东神采奕奕，满脸笑容，走上去和他们一一拥抱，互致问候，其他中央领导也都上前握手问候。陈云特地把大皮帽摘下来，给毛泽东戴上，自己换了布棉帽。出席欢迎大会的有延安的机关干部、部队指战员、学校师生，还有当地不少老百姓，气氛热烈。王明、康生、陈云三人穿着黑色衣服，马裤、长筒马靴，跟延安的服装不一样，看着特别高大，特别有精神。毛主席致欢迎词，用浓重的湖南方言说："喜从天降。"在说这句话的同时，把帽子高高地抛到空中，接下来又说："喜从天降"，不断地重复了三四次，还说："是马克思给我们送来了天兵天将。"这个会虽然非常简朴，但是非常热烈非常隆重，听众的情绪也是非常高涨。

1937年12月9日至14日，中共中央召开政治局会议（史称"十二月会议"），讨论抗战形势和党的任务。会议根据形势发展的变化，对各地的工作重新作出部署，对中央领导机构成员也重新进行了调整。由于博古同王明、周恩来、董必武等被派往武汉长江局工作，会议决定由陈云接替博古担任中央组织

1937年12月，陈云出席在延安举行的中央政治局会议。会上，陈云被增补为中央书记处书记，并任中央组织部部长。图为出席这次会议的人员合影，前排右起：刘少奇、陈云、王明、凯丰、项英；后排右起：毛泽东、周恩来、博古、林伯渠、张国焘、张闻天、彭德怀、康生

部部长，李富春任副部长。从这时开始，陈云的主要精力放在党的组织工作上，达7年之久。

陈云接手中央组织部工作时，我们全党只有四万多党员，同当时形势的需要很不适应。他上任不久，就提出要面向全国理顺组织机构。在他的努力下，我们党建立了一套适合当时实际情况的体系，由中央局、分局、省市委构成，根据地推到什么地方，组织建设、组织机构就跟到什么地方。

1938年3月，陈云组织起草了中央《关于大量发展党员的决议》，决议指出：

为了担负起扩大与巩固抗日民族统一战线以彻底战胜日本帝国主义的神圣的任务，强大的党的组织是必要的。但应该指出，目前党的组织力量，还远落在党的政治影响之后，甚至许多重要的地区，尚无党的组织，或非常狭小。因此大量的十百倍的发展党员，成为党目前迫切与严重的任务。

决议还指出，党内在发展党员问题上要打破两种错误倾向：一种是关门主义倾向；另一种是在统一战线中忽视党的发展，以为党的扩大无足轻重，甚至于取消党的发展的严重倾向。决议要求，要把发展党员作为每一个党员及各级党组织的经常的重要的工作之一。陈云认为，中央组织部在党的组织工作上，不仅要面向延安、陕甘宁边区，而且要面向全国各个敌后根据地，面向国统区的党组织、面向敌占区的党组织。他要求中央组织部要建立相应的机构，确定人员，来尽量了解各方面党组织的工作情况，以便制订不同的政策，进行有针对性的领导。这个具有战略意义的建议，立即得到中央的批准，成为了中央组织部的指导方针。陈云还适时地提出建议，协助中央制定了一系列适用于不同地区的方针政策。关于根据地，陈云提出“发展、巩固，再发展、再巩固”的方针，主张既要抓党员的数量，又要抓党员的质量。关于国民党统治区，陈云提出要警惕国民党“反水”，要执行“精干隐蔽，长期埋伏，积蓄力量，以待时机”和“党内小党外大”的方针，既要加强党和群众的联系，又要学会保护自己。陈云主张打破“中上层分子都不好”的旧传统观念，把统一战线工作重点放在中上层人士身上。关于敌占区，陈云创造性地提出“除了本身精干以外，领导机关要放在外头”的新方针，就是将领导机关放在离根据地近一点的地方，在外面指挥，以避免领导机关一被破坏就导致白区工作的瘫痪。陈云说：“过去在白区工作时，领导机关一被破坏，就全完了，连人都找不到。这怎样能行呢？一定要改变！”把“领导机关放在外头”的主张，适合敌占区的情况，既便于保存我们的力量，又能及时做好敌占区党的工作。后来，打败日本侵略者以后，蒋介石公开地进行反共，这一方针得到继续执行。上述切合实际又有极强操作性的方针政策，极大地调动了各级党组织的积极性，扩大了统一战线，有效地促进了党组织的迅猛发展。到 1938 年底，党的组织有了很大发展，全国的中共党员人数就从四万多增加到五十多万。

“用父母爱儿女之心来爱护干部”

抗日战争时期，中国共产党坚持团结、进步的方针，坚持全面抗战的路线，吸引了一大批有识之士来到圣地延安。面对这样的有利形势，陈云适时地提出广招天下士、诚纳四海人的主张。如何能“招”“纳”天下士呢？陈云在延安抗日军政大学作的题为《论干部政策》的讲演中作了回答，他说：“我现在来讲干部政策，只想用十二个字，分成四个问题来解释：第一，了解人；第二，气量大；第三，用得好；第四，爱护人。”

时任中共中央组织部干事的袁宝华回忆说：

> 陈云真是个非常公道的人。他看一个人，总是看他的长处。我到中央组织部第一次和我谈话，他就这样讲：你到中央组织部来工作，要树立一个观念，要看干部的长处。因为中央组织部我们是要用干部，你要光看他的短处，就没有一个可用之人了，必须发现他的长处，这样我们才使用每个人的长处。

“用父母爱儿女之心来爱护干部”，这是陈云在延安当中央组织部部长时的口头禅，也是他对待干部的行动准则。他经常告诫大家：“爱护人很重要。凡是提拔干部，得全面估计他的德和才；既提拔起来，就得多方面帮助他，不使他垮台。对干部一切不安心的问题，都要很耐心很彻底地去解决。当牵涉到一个干部政治生命问题的时候，要很郑重很谨慎地处理。对于干部，不要'抬轿子'，要实事求是。做到这些，才能算真正的爱护人。"

陈云特别强调要大量吸收知识分子，提出要"抢夺"知识分子。他说：

现在，大家都在抢知识分子，日本帝国主义抢，国民党抢，我们也要抢，我们抢得慢了就没有了。如果我们把要求救中国，要求抗战，要求革命的各种知识分子都抢到手里，那我们不能说天下完全是我们的，但至少三分之一是我们的了。

他还说："不要再把这个机会错过了，否则将来悔之晚矣。"

他是这样说的也是这样做的。"整风"时，由于"抢救失足者运动"，大批满怀火热激情从国统区来延安的青年干部被打成叛徒、特务。陈云同志心急如焚，一面向毛泽东及有关领导谈自己的看法，一面积极组织人员进行调查，尽快澄清事实，解放干部。一位青年因有人供说他是托派，被开除党籍。陈云知道后立即派人内查外调，很快将各方面证词收集齐全，搞清这一青年不仅不是托派，而且是一个坚定的具有光荣历史的共产党员。在事实面前，不得不为他平反，恢复党籍，从而挽救了这一青年的政治生命。

陈云不仅在工作上关心、支持、爱护干部，而且在生活、家庭、婚姻中也十分关心体贴干部。他告诫中组部的同志，凡是干部担心的事，也是从事组织工作的干部的事，只有解决好他们的事，才能使他们解除后顾之忧，安心工作。正因为陈云对干部爱护有加，因人施教，延安的干部、学生遇到困难和矛盾都愿意到中组部倾吐衷肠。而陈云不论工作多忙都是认真听取，一一帮助解决。时间长了，中组部成了各根据地和前线将士的“家”，每次回延安，都要来“家”看看，说说心里话，以陈云为领导的中组部干部也成了大家的亲人。

陈云在延安

“为什么要开除刘力功的党籍”

延安时期的陈云，关心、爱护干部，同时，也用党的纪律严格要求干部。他亲自处理刘力功违纪一事，就是一例。

刘力功是个知识分子，1938 年加入中国共产党，在抗大毕业后又进入延安党校训练班学习。毕业时党组织决定让他到基层去锻炼，这是抗大和党校毕业分配的原则。但刘力功却坚持要进马列学院学习或回原籍工作，否则就退党。陈云和党组织 7 次找他谈话，帮助他认识基层工作的需要和组织分配的原则，但他仍执迷不悟。最后一次谈话时，组织慎重地告诉他，“个人服从组织，是党的纪律，要你去华北基层工作是党的决定，必须服从”，并给他时间反省自己。刘力功蔑视组织的再三教育，

1939年6月，陈云出席延安抗日军政大学建校三周年纪念会并发表讲话。图为大会主席台，左起：毛泽东、张闻天、王稼祥、陈云、王明、刘少奇、邓发

不仅不去华北基层，反而提出“一定要到八路军总司令部工作，否则，拒绝执行党的决议”。对于如此目无组织、目无纪律的共产党员，陈云心情十分沉重，透过刘力功的事件，他看到一些由国统区奔赴延安的青年，由于有专业技术，居功自傲，看不起工农干部，把一些小资产阶级思想和自由主义带到工作、生活、学习中，工作上讲条件，生活中求待遇，学习中图虚名，如不及时纠正，就会影响抗日斗争的士气，挫伤前方将士的积极性。为此，他以刘力功事件为引线，在延安各机关、学校开展了一场“为什么开除刘力功党籍”的大讨论，并亲自撰文在中国共产党中央委员会机关刊物《解放》杂志上发表。

他说：

究竟一个共产党员在党分配工作时有些什么权利和义务呢？只有说明自己意见的权利，只有在党决定以后无条件地执行决议的义务。除此之外，决不能增加一点权利，也决不能附加一个条件，否则就违犯了党的纪律。

他专门抽出时间，参加机关、学校的大讨论，语重心长地告诉大家：

中国革命是长期艰苦的事业，共产党及其党员没有意志行动的统一，没有百折不回的坚持性和铁的纪律，就不能胜利。中国是一个小资产阶级成分占优势的国家，如果中国共产党没有严格的纪律，将无法防止小资产阶级意识侵入党内。如果党不是有铁的纪律的队伍，就不能去团结最大多数的人民群众。因此破坏党纪，实质上就是破坏革命，我们必须与任何破坏纪律的倾向作斗争。

这次讨论在延安的各机关干部学校中引起很大震动。干部学生纷纷从刘力功事件中检查自己的小资产阶级自由主义思想，检查是否以一个共产党员的标准严格要求自己，是否遵守党的纪律，是否言行一致地执行党的决议。一些要求重新安排工作的干部学生，主动撤回请求。一些分配工作还未到岗的干部，立即打起背包出发。一时延安出现了三多三少的现象：讲个人要求的少了，服从组织分配的多了；图安逸比享受的人少了，要求到前线和艰苦地方锻炼的人多了。自由主义现象少了，严守纪律的人多了。一个严纪守法、团结奋进的热烈气氛悄然兴起。

袁宝华还回忆起一件事：

我们调了一批干部，一谈话，大部分干部都愉快地接受了任务，也有少数几个同志很有顾虑，不愿意接受任务。在我们看起来他们很合适，但他们自己有很多顾虑。我们向陈云汇报了这个情况以后，他亲自做了决定。就是在党最需要的时候，这些干部不服从党的调配，不够党员资格，所以就决定对这批干部处分。我们对这一批干部一讲，这一批干部都说："我们打消顾虑，我们一定要服从党的调配。"陈云说："不行了，你们已经经过考验了，没有通过。"所以最后决定给这几个人都降成候补党员，降成预备党员。对这批人教育很深刻，同时对我们的教育也很深刻。陈云坚持原则，丝毫不放松，认真地按照党的原则、党的纪律来处理干部问题，对此我印象非常深刻。

"党内谁都不能横行霸道"

当时，王明到延安后，仗着自己是共产国际候补书记，飞扬跋扈。在苏联期间，他通过他的老师米夫的关系，赢得了斯大林和苏联共产党中央其他领导人的信任。他的职务，已经升到了共产国际的候补书记，而中国共产党是在共产国际的领导之下的，王明便总是以中国共产党的当然领导人自居。不但如此，他还总是觉得，延安的共产党领导人都不懂得马列主义，只有他自己才懂，他自己才是百分之百的布尔什维克，是一贯正确的人。抗日战争开始后，斯大林出于对苏联整体战略的考虑，对中国革命做出了通过国共两党联合，使中国共产党支持国民党抗战的决定。他派王明回国，就是要支持王明当中共的“一把手”，以便更好地贯彻他的这一战略方针。

王明到延安之后，很快就在中央的高层会议上提出了他那一套右倾投降主义路线，即“一切经过统一战线，一切服从统一战线”。而毛泽东则提出了中国共产党在抗日战争中坚持独立自主的路线。两条不同的路线，必然产生激烈的党内斗争，而当时的党内斗争，则集中表现在高层会议上王明与毛泽东之间的争论。那时，只要中央一召集高级干部会议，王明就与毛泽东发生争论。王明自恃在共产国际中有领导职务，背后有斯大林的支持，不把毛泽东放在眼里。而且，他一心要把毛泽东搞下去，自己担任中共中央最高领导人。然而，毛泽东提出的正确路线，得到党内大多数同志的支持，毛泽东身边团结了党内一大批高层干部。

这时，王明又想争取陈云。他总是寻找机会接近陈云，向陈云谈自己的观点，希望陈云支持他。但出乎王明意料的是，陈云明确表示拥护毛泽东的主张，不同意他的主张。作为一名具有实事求是精神的共产党员，陈云对当时的全国形势和中国共产党的处境有自己的看法，而他的看法，与毛泽东又是相吻合的。他从内心里拥护毛泽东的路线。而且，他对王明过去所推行的“左”的路线给中国革命造成的巨大损失，十分清楚，对王明那一套作风也十分反感。

由于王明有特殊的政治背景，在毛泽东与王明发生激烈争论时，很多人不敢公开支持毛泽东，也不敢当面否定王明。但陈云却不然，他公开表示拥护毛泽东的正确主张。

1941年，陈云为中共中央书记处起草的关于党中央系统直辖各校学生的使用原则规定：马列学院、中央党校、陕北公学的全部学生由中央组织部分配于党的各方面工作；女子大学、青年训练班、鲁迅艺术学院、自然科学院的学生暂时依各校现有的全部学生人数，无论是高级班还是低级班都留50％作妇运或青运等方面的干部，其余统由中组部随时调动使用于党的各方面工作。

王明兼任中国女子大学校长时，拒不执行中央的这一规定，要求把女大毕业生75％的分配权划归女大和中央妇委。陈云为此给他写了一封信，表示不同意他的要求，劝他服从中央书记处多数同志通过的决定，指出：

女大是党的学校，全部学生都应在中央总的意图之下，由中组部分配工作。但估计到女大等各个专门性的学校有某些特殊的意义，因此留了一半学生将来做妇运工作。我认为这已充分估计了妇女工作的特殊性。

我向你声明，妇女工作是全党工作的一部分，我是党的工作者，我的责任和我的要求，也仅仅是“一视同仁”四个大字。

对于王明不遵守党的纪律的行为，中组部也采取了相应的措施，不再介绍新来的学生到女大学习。王明发现后，到中组部“兴师问罪”，陈云坚持原则，毫不让步，王明碰了钉子，灰溜溜地走了。事后，陈云气愤地说：“党内谁都不能横行霸道。”

“学好哲学，终身受用”

陈云在他的一生中，带头坚持并积极倡导学习，无论是在战火纷飞的年代，还是和平建设时期，他从不放松学习，尤其重视学习革命的理论。

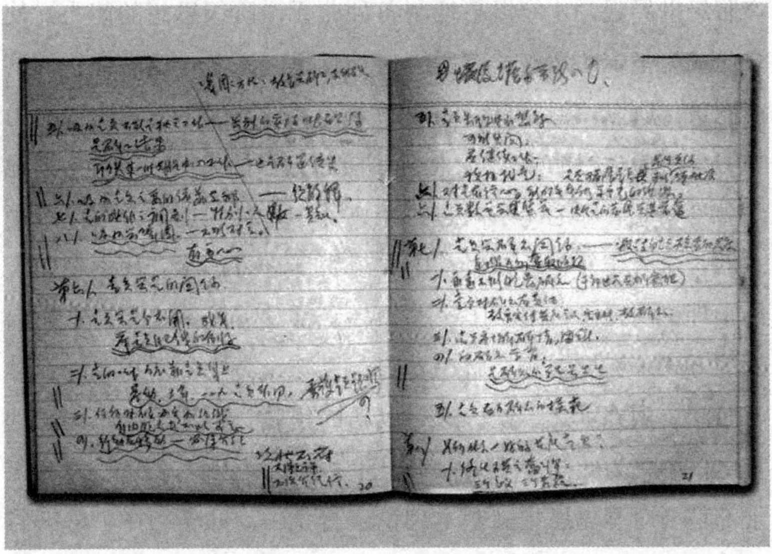

陈云担任中央组织部部长期间，对党的组织状况和干部政策作了系统的调查研究，保存下来的笔记就有几十本。这是1940年陈云的学习笔记

陈云经常思考这样一个问题：陈独秀、瞿秋白都是有学问的人，李立三、王明念的书也不少，为什么这些人会犯错误呢？他冥思苦想，一直没有得到满意的答案。到达延安以后，陈云曾三次向毛泽东请教。毛泽东说，主要是马列主义水平不高，思想方法不对头。毛泽东还说，为了不犯与少犯错误，应该读点哲学著作，学点唯物辩证法。按照毛泽东的意见，陈云在中央组织部组织了一个学习小组，潜心学习哲学，以自学为主，一本一本地读原著，并请人辅导，进行讨论，共同提高。这次学习坚持了近五年。在陈云看来，学习是党员的责任，是建党的需要；用马克思主义武装党员干部是党的建设的前提和出发点。他多次谈到，只有自觉学习马克思主义理论、牢固树立无产阶级世界观，才能提高抵制各种非无产阶级思想的能力，使自己成为坚定的清醒的有所为的马克思主义者，成为合格的共产党员。所以，他要求“党内的老干部、高级干部首先要努力学习，成为学习的模范”。他除了重视自己的学习，如饥似渴地学习马列原著和毛泽东同志的经典著作，特别是学习毛泽东同志的哲学著作外，还积极在中央组织部进行试验，探索在职干部学理论的路子，组织了机关领导干部学习理论小组，采用启发的方式来引导大家，解决学习与工作、劳动的矛盾，保证学习时间，做到了几不误。这一成功的经验，得到毛泽东同志的肯定，中央为此制定了《关于干部教育的决定》，要求全党高级干部都要对马克思主义基本理论进行学习。在学习中，陈云特别注重读原著。他说：“要将现有的主要教科书一本一本地读，既不懈怠，也不用着急，一步一步来。”还说：“要读就读懂，不要一知半解。这是达到融会贯通的必经步骤。”他特别强调说：“这件事比什么都重要。学习哲学，可以使人开窍；学好哲学，终身受用。”

1943 年 3 月 20 日，中央政治局通过《中共中央关于中央机构调整及精减的决定》。决定规定：在两次中央全会之间，中央政治局担负领导整个党的工作的责任，有权决定一切重大问题。政治局推定毛泽东为主席，凡重大的思想、政治、军事、政策和组织问题必须在政治局会议上讨论通过。书记处是根据政治局所决定的方针处理日常工作的办事机关，它在组织上服从政治局，但在政治局方针下有权处理和决定一切日常性质的问题。书记处由毛泽东、刘少奇、任弼时组成，毛泽东为主席。

在中央政治局和书记处之下，设立了毛泽东为书记的宣传委员会和刘少奇为书记的组织委员会，陈云任组织委员会委员。为统一中共中央对各地区的领导工作，在延安的中央政治局委员进行了分工，陈云负责大后方工作。这是一次重要的人事调整，毛泽东在全党的领导地位得到进一步巩固。经过将近 20 年革命实践的磨练，年仅 38 岁的陈云已经成为一名成熟的革命家。

陈云身体比较弱。1943 年春，他因疲劳过度，经诊断患了心脏病。3 月，中共中央书记处工作会议根据医生的建议，决定让他休养一段时间。陈云后来回忆说：

我约在 1943 年上半年因患心脏病，由中央派刘少奇来接替我中央组织部工作，我也就离开了中央组织部工作。

在担任中央组织部部长期间，陈云以他出色的工作成绩和优良的作风，赢得广大干部的信任和尊重，成为大家学习的表率。大家深深感到中央组织部真正是干部之家，是一个温暖的大家庭，凝聚和团结了党内外广大干部。毛泽东在一次讲演中谈到高级干部要善于团结大多数时曾经指出："这一点，陈云值得我们学习。"

陈云坚持用为党的政治路线服务的思想统领组织工作的全局，使我们党的力量获得了长足的发展。至党的七大召开时，我们党的党员人数已由 1937 年的 4 万余人发展到 120 万左右，干部人数也由 3 万余人发展到了 40 万左右。陈云为建设一个全国范围的、广大群众性的、思想上政治上组织上完全巩固的布尔什维克化的中国共产党做出了巨大贡献。

东北争锋

1945年8月，中国人民经过长达八年的顽强抗战，终于迎来了抗日战争的胜利。在得到日军投降的消息后，人们纷纷涌上街头，欢呼、雀跃，庆祝着这期盼已久的时刻。

中国人民渴望已久的和平生活，似乎近在眼前了。

为避免内战、争取和平，毛泽东接受了蒋介石发出的谈判邀请。1945年8月28日，毛泽东、周恩来、王若飞由延安飞抵重庆。然而，蒋介石表面上热衷于和平谈判，其姿态却只是做给饱受苦难、盼望和平的中国人民看的。蒋介石的根本用意是要通过谈判争取时间，把散落在中国各地的精锐部队大规模地运往华东、华北、东北等要地，抢占抗战的胜利果实。

正因如此，在重庆谈判这段时间里，留守在延安的人们面临的任务是保持警惕，以备潜在的危机。

分秒必争

1945 年 8 月 30 日，急不可耐的蒋介石任命熊式辉为东北行辕主任，单方面以接收“东北主权”的名义，公然抢夺东北地区的控制权。

东北的战略地位极其重要。如果这一地区被国民党占领，就将切断中国共产党领导的革命力量与苏联方面的联系，同时对华东、华北、西北解放区造成南北夹击之势。如果中国共产党控制东北，不仅可以占据军事上的主动，还能依靠东北雄厚的工业基础，提升自己的物资实力。

迫在眉睫的难题摆在了中国共产党人面前。9 月 15 日凌晨，中央政治局彻夜召开紧急会议，决定成立东北中央局。东北局以彭真为书记，陈云等四人为委员。为方便同苏联方面的交流，会上还决定授予彭真、陈云少将军衔。

解放战争初期的陈云

在控制东北的局势上，刻不容缓。陈云等人的心情是焦急的，他们无不希望以最快的时间到达东北，开展工作。所以，中央政治局会议结束不到半天，陈云、彭真等人便搭乘飞机直飞东北。

然而，谁也没有想到，这次航行出现了令乘机人员命悬一线的险情。危险是在当天下午 3 点飞经山海关地区时发生的。

同行的伍修权后来回忆：

> 那是一架道格拉斯式的双引擎飞机，开始还飞得很正常，后来却发生了问题，飞机没到沈阳，飞到山海关就降落下来。

由于飞机的机况出现问题，需要在山海关机场迫降。飞机在降落过程中直接从跑道中段落下，冲出了跑道，最后猛插到一块稻田里。由于冲击猛烈，飞机的尾巴翘了起来，机身呈垂直状态才停住。

飞机上的武修权、段子俊和莫春和都因撞击受了轻伤，叶季壮被撞得最厉害，腿被翻倒的油桶和无线电器材压住，彭真也受了脑震荡。最幸运的是陈云，飞机的舱门被撞开时，冲击力把他一下子推进了驾驶室，反而没有受伤。第二天，彭真在给刘少奇的电报中说："我们昨天下午三时抵山海关，因飞机陷入泥坑，彭头部受伤、叶脚步略伤，但均健康。"

空中遇险并没有放缓陈云等人奔赴东北的脚步。9 月 18 日，陈云到达沈阳。从此，陈云开始了他三年零八个月不寻常的驰骋东北战场的历程。

北满定计

怎样在东北发展并争取东北的控制权？这是陈云到东北的第一天起就不断思考的中心问题。

为了进一步部署东北局在北满、东满的工作，1945 年 10 月 15 日，陈云抵达长春。此时，中央对东北局势的战略方针是：目前部队“绝不应集中部署”，“必须迅速摆开分散，每县一连一排，迅速发展壮大”。然而，就在陈云去长春的第二天，中共中央一度决定改变过去的方针，希望集中主力，守住东北大门，竭尽全力，控制全东北。

陈云虽对东北战略方针的改变没有表示反对，但仍认为建设北满、东满根据地有着很大的重要性。他对那里缺乏骨干力量的局面表示担忧。他在一份报告中这么说：“眼前我们最困难的事是缺少干部。”“今天我在长春，只看到长春实在缺人。我在沈阳觉沈阳人少了，现在拿长春来比，沈阳还是‘土豪’，务请抽一些来。”

11 月，中共中央决定组织北满分局，由陈云任书记。在北满，陈云夜以继日地开展工作，了解情况，制定计划。陈云的工作方法很有特点，他把工作人员分成两部分进行辩论，一部分人扮演的角色是蒋介石，另一部分人扮演的角色是毛泽东。辩题是：“在目前的形势下，如果你带队，你怎么决策目前的战略方针？”正是通过这样的办法，陈云发动全体同志群策群力，进一步摸清了在东北进一步发展的方向。

在详细分析了敌我力量对比后，陈云认为我党独占东北已不可能。从事实上看，中共中央这次战略部署的改变也不符合实际情况。陈云同高岗、张闻天对当前局势和东北工作方针进行了认真、充分的讨论。他们联名发了一封电报给东北局并转中央，这份电报是陈云主持起草的，电报建议应到广大乡村和中小城市放手发动群众，建立巩固的农村根据地，同国民党进行长期艰苦的斗争。

中央回电同意陈云等人改变东北战略方针的意见，指出我党现时在东北的任务，是建立巩固的根据地。

陈云初到北满，对北满的一个深刻印象是匪患猖獗。怎样建立巩固的北满根据地？陈云把剿匪看成“当前急务”“决胜的一环”。他认为，不剿灭土匪，群众心存疑惧，不可能发动起来，也就不可能建立巩固的根据地。

当时的匪患严重，土匪极其猖狂。他们袭击我军后方，杀害地方干部，破坏交通运输，抢劫群众财物，是北满根据地的心腹大患。有些土匪甚至直接对我军发动正面进攻，抢走武器，杀伤士兵。

陈云明确判断：

苏军未退，蒋军未到时，剿匪是北满决胜的一环。

1946 年春天，大规模的剿匪战斗席卷林海雪原。北满部队发扬不怕吃苦、不怕流血牺牲的精神，采取分进合击、长途奔袭、穷追猛打、灵活机动的战略战术，对土匪武装发起了摧枯拉朽的攻势。我军在东北剿匪战斗的这段历史在解放后被编为了脍炙人口的电影——《林海雪原》。

在将近一年的时间里，北满部队共毙伤土匪三万一千多人，俘虏土匪三万六千多人，迫使一万多土匪缴械投降，彻底消除了北满匪患。剿匪斗争的胜利，极大增强了人民群众对我党的信心。

坚守南满

全面内战爆发不久，国民党军陷入战线过长与兵力不足的矛盾之中。为此，他们调整部署，在东北战场制定了“南攻北守，先南后北”的作战方针。南满的战略地位十分重要，面对国民党军改变方针后的大举进攻，南满处于危机之中。坚持南满，困难大，责任重。

1946 年 10 月 14 日到 28 日，东北局连续召开会议，讨论解决南满危机的办法。会议决定成立中共南满分局和辽东军区，以统一领导。

1947 年，陈云同萧劲光在中共中央南满分局（又称辽东分局）、东北民主联军辽东军区总部所在地——临江（现为吉林省浑江市辖区）

会上，陈云主动请缨到南满解放区工作，以加强南满的领导力量，陈云被任命为中共南满分局书记兼辽东军区政治委员。会后，陈云、萧劲光立刻动身从哈尔滨出发，辗转牡丹江、朝鲜等地，整整走了一个月，于11月27日中午才顶着大雪进入南满军区总部所在地临江。

此时，我军在南满只有四万人，进攻南满的国民党兵力有十万多人，双方实力相差悬殊。

在浑江城外的七道江前线指挥所，萧劲光主持召开南满军师以上干部会议，在讨论南满是弃是守的问题上，将士们出现了激烈争论，使得会议几乎开不下去了。当时各人有各人的看法，各人有各人的意见，有的说坚守南满，有的说不能坚守，有的说可以试一试，守不住就走。

在会议悬而不决的情况下，萧劲光给陈云打了电话，反映情况。为了统一参会人员的思想和意见，陈云带病冒着大雪从临江赶到七道江参加会议，他在了解各方意见后，毅然指出：东北的敌人好比一头牛，牛头牛身子是向北满去的，在南满留了一条尾巴。如果我们松开了这条尾巴，那就不得了，这头牛就会横冲直撞，南满保不住，北满也就危险了；如果我们抓住了牛尾巴，那就了不得，敌人就进退两难，两面挨打。因此，抓住牛尾巴是个关键。

陈云说：

我来南满，就是为了和大家一起坚持南满斗争。你们让我来拍板，我拍的就是坚持南满！我们不走了，都留在南满，一个也不走，留下来打！

七道江会议所形成的坚持南满、敌后“大闹天宫”等重大决策，为四保临江作战奠定了重要基础。

面对敌强我弱的形势，1946 年 12 月，一保临江战役打响。次年 1 月底和 2 月中旬，敌人第二次、第三次进犯临江。4 月初，我军全歼国民党军一个加强师七千五百余人。取得了四保临江的决定性胜利。

最危急的时候，南满根据地只剩下 4 个小县。仅仅 22 万的人口，却要负担支援前线 4 万多部队的巨大任务。在陈云等人的组织下，成千上万的农民组成担架队、运输队支援前线，为前线提供了大量的物资。同时翻身农民踊跃参军参战，一保临江时只有 2 万人的第三纵队，到四保临江时已扩大至 5 万人。

在战况最紧张的时候，陈云依然保持着平静。时任辽东军区政治部副主任的唐凯曾回忆：

> 陈云同志有一天对我说，“你能不能给我找个小胡儿啊？我思考思考一些问题”，结果我找来二胡后发现陈云并不是真要拉曲子。他拉二胡的声音“咕噜咕噜咕噜”不成曲。其实他表面上拉着二胡，但仍在考虑问题，他是拉着二胡思考。实在是太冷静了。

这次战役经过 108 天的浴血奋战，我军先后四次打退了 10 万国民党军的大规模进攻，彻底粉碎了国民党企图独霸东北的妄想，取得了伟大胜利，为我军在东北战局的胜利，奠定了坚实的基础。

接管沈阳

正义之师，民心所向，我军在东北战场节节得胜。

1948 年 10 月 27 日下午，中共东北局常委会决定，委派陈云为沈阳军事管制委员会主任，全权负责沈阳的接管工作。

沈阳，是中国共产党接管的第一个大城市，怎么接管？在我党的工作中没有先例。陈云所面临的难题，也是此前任何一个共产党人都没有遇见过的。

陈云深知，沈阳是东北最大的城市，也是东北军事、政治、经济中心，能否将这样一座大城市接管好，是中国共产党争取最后胜利的一份试卷。为此，陈云确定了接管办法：

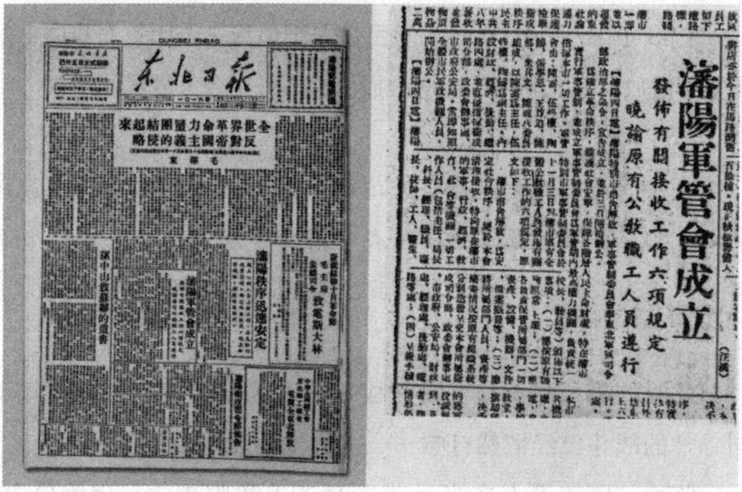
东北日报
全世界革命力量團結起來
反對帝國主義的侵略
毛澤東
瀋陽秩序迅速安定
瀋陽軍管會成立
發佈有關接收工作六項規定
曉諭原有公教職工人員遵行

1948 年 11 月 7 日，《东北日报》上刊登的以陈云为主任的沈阳军管会成立的消息及军管会发布的有关接收工作的规定

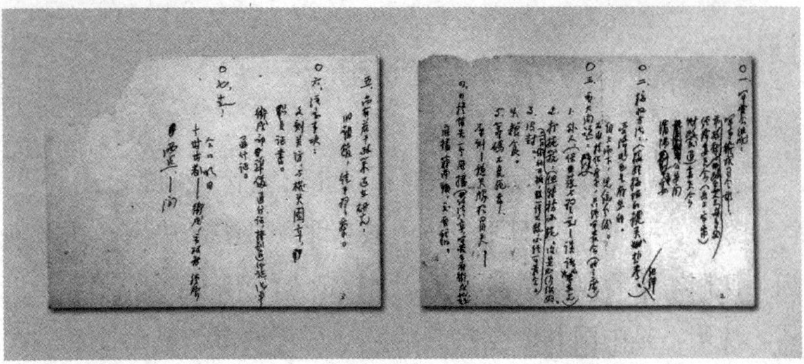

1948年11月28日，陈云起草的给东北局并转中共中央的关于接管沈阳的报告。陈云提出“各按系统，自上而下，原封不动，先接后分”，被称为“沈阳经验”，这个经验在中国革命从农村到城市的发展过程中，起到了重要作用

“各按系统，自上而下，原封不动，先接后分。”

1948年11月2日下午，国民党守军最后一个团宣布投降，沈阳完全解放。东北新华广播电台播出这样一则令人鼓舞的消息：

我东北人民解放军在今天，就是二号黄昏，解放蒋匪最后巢穴沈阳，守城的敌军全部被我军解决。现在东北全境已宣告解放，我东北战场上的伟大解放战争至此已获得完全胜利。

此时的陈云并没有沉浸在战事得胜的喜悦中，因为一场不同寻常的战斗已经悄然打响——接管沈阳。

陈云、陶铸等人在当天黄昏时进入沈阳市内。因为停电，他们点着蜡烛开始了第一天的工作。

初获解放的沈阳是一片残破、贫困、饥荒，满目荒芜、百业凋零的景象。匪特、流氓活动猖狂，一些角落枪声不断，社会秩序非常混乱。

陈云心里十分清楚，“打天下不易，治天下、守天下更不易”。在陈云领导下，军管会的工作紧张而有序进行着。

城市功能是一座城市的命脉，也是市民赖以生存的基本条件。军管会进城时，沈阳因为没有电，电灯不亮，电话不通，自来水没有，电车和火车也无法开动，城市功能陷于瘫痪状态，恢复电力成为最紧迫的事情。在军管会的领导下，解放后的第二天即开始部分送电，并连日抢修被烧毁的变压所，倒断的电线杆、高压线及主干线、供应水源地，并到工厂及用户中去修理，使全沈阳大放光明。

由于解决了供电这个重要环节，其他城市设施也很快得以恢复。进城当天就完成了各大企业的接管；第二天通电；第三天通电话，电台开始播音。

11 月 3 日，是陈云进入沈阳的第二天，中共中央向林彪、罗荣桓、高岗、陈云和东北军民发来贺电：“热烈庆祝你们解放沈阳，全歼守敌，并从而完成解放东北全境的伟大胜利”。

也就在 3 号这一天，陈云对如何接管沈阳作了一个总的描述。他说：

沈阳是我们党接收的第一个大城市，一定要接管好，不能将我们打下来的城市变成一座死城。从现在起，沈阳是我们共产党领导的城市了。一定要比国民党时期管理得好。

陈云在工作中总结了接收沈阳的五点具体方法。一是要恢复电力供应，二是要迅速解决金融物价问题，三是敌警察必须收缴枪支，四是稳定人心，传布政策，五是工资问题要妥善解决。

一个城市的构造，就像人体构造一样，离不开串联整体的血脉和神经。城市的血脉和神经，一个是已经恢复的电力系统，另外一个就是城市的交通。在沈阳接管的工作中，还遇到了不少有趣的新问题。军管会在一个具体的问题上发生了激烈的争论。

这就是进入沈阳后，汽车行驶应规定左侧通行，还是右侧通行的问题。

从现在的日常生活来看，这不是什么重要的问题，属于交通常识。但陈云面临的情况却和现在很不同。来自哈尔滨和北满根据地的解放军及接管人员的司机都习惯于左侧通行，汽车司机多是青年或刚刚转业的军人。而沈阳及关内国民党统治区的汽车均右侧通行，接管沈阳后数千名交通警察一般都留用，徒手站岗，在街上指挥交通，他们习惯于按照原有的，即右侧通行指挥交通。

这个问题看似不大，却关系着城市的平稳安全运行，所以必须迅速作出决定。为此，军管会专门讨论过两次。陈云等人仔细听取了不同意见和理由，会后又找熟悉情况的同志商量。考虑到新式汽车方向盘多数在汽车的左边，适宜右侧通行。并且北平、天津及关内各大城市即将解放，为避免混乱及纠纷，应该规定汽车一律右行。

陈云在军管会上说明了这些理由，做出了右侧通行的决定，要求大家坚决执行。实践结果表明，这一决定是正确的，也是非常及时的。交通的保障，为沈阳进一步恢复打下了基础。

一座饱受战火摧残的大型工业城市，短短几天时间，就在共产党人手中奇迹般地恢复了生机。

1948 年 12 月 24 日，中共中央向全国解放区批转了陈云同志关于“接管沈阳经验”致中央的电报，这为其他大中城市接管工作提供了具有指导意义的成功范例。此后，北京、天津等大中城市接管工作都是参照沈阳成功经验顺利进行的。

人们也许没有注意到的是，陈云的“接管沈阳经验”是在短暂的 26 天的实践中创造的。

面对沈阳城市建设天翻地覆的变化，陈云来不及感慨，便匆匆踏上开往北京的列车，迎接下一个任务去了。

40 年后，陈云曾总结东北解放战争胜利的几个原因，当然，一向低调的陈云没有也不会讲到自己。然而，他在东北解放战争的全过程中，对全局的重大决策和艰苦工作，都发挥了十分重要的作用。他的功绩，永不磨灭。

红色掌柜

陈云打算盘

1978年秋的一个黄昏，陈云和夫人于若木正在杭州西湖畔散步。这时，远处传来一阵清脆的算盘声，原来是公园茶室的女服务员在结算茶水账。正在静思中的陈云，忽然眼睛一亮，径直走到茶室，主动要求替服务员打算盘。只见他手起珠落，噼噼啪啪，不一会儿就把账给结清了。服务员不认识他是陈云，惊奇地说："您算盘打得真好啊！是个老会计吧？"陈云打算盘的情景被摄影记者拍了下来。

1981年1月，中国佛教协会会长赵朴初看到这张照片后非常感慨，题道：

唯实是求，珠落还起。加减乘除，反复对比。运筹帷幄，决胜千里。老谋深算，国之所倚。

这首诗，是陈云一生和算盘、算账结下不解之缘的形象写照。

“不学会打算盘，生意就不好做”

1917 年夏，陈云乘一叶扁舟，沿河北上，到达青浦县城，来到青浦县立乙种商业学校学习珠算和记账。舅父母的意思是希望他学点技术，将来能在商店里做账房，或者做点生意。

在乙种商校里，陈云学习十分刻苦。由于天资聪颖，加上勤学苦练，做事专心致志，他在很短时间里就基本掌握了珠算，还初步学会了写账。可惜仅仅一个多月后，陈云又因经济困难不得不辍学回家，继续在自家店里当小伙计。但这一个多月的学习，却对陈云此后的工作和生活带来不少方便。他后来自己说：

要会打算盘。不学会打算盘，生意就不好做。在实际工作中，你面前有几个商人等你算，一点不能出错，这才是一个真本领。打算盘什么手指管什么珠是一定的，不能错，五个指头分了工的，差一点都不行。我也打得不到家，下面一个打上去，总离开一点，这就难办，是上面或是下面呢？这就是功夫。

于若木回忆陈云打算盘时的情景说：

他打算盘打得非常熟练，子女凑在一块的时候，就表演给子女看，就是出去，比方杭州到三潭映月那个地方，看到一个小摊，小摊上那账房先生有个算盘，他拿过来就打，表演给大家看。非常熟练，他家里头，有的时候算账他还用算盘呢，快啊，他熟悉啊。

从延安到东北，直到主持全国财经工作，陈云的一生都与算经济账关联：稳定物价、实行粮食统购统销、制定和实施第一个五年计划；反冒进、十一届三中全会明确将工作重点转向经济建设等等，人称“红色掌柜”。

陈云对数字的记忆力惊人，于若木回忆：

我经常看到他使用，他不但表演，而且还使用算盘来算一些数字，他对数字是非常熟悉，他做经济工作，真是做到数字经济了。现在不是很多都是定量，这个建筑学、城市规划什么的，要数字化。他那时候就要讲数字，而且记得非常清楚，那些尾数他都记得清清楚楚，在延安就是公家人，有多少人口，有多少马匹，马用多少粮食，财政支出，税收，他这些数字，就是解放以后过了多少年，他还清清楚楚，我听了他讲好多遍，还没记住。

陈云掌管经济是从抗战时期陕甘宁边区遭封锁开始的。

抗日战争头几年，根据国共合作、共同抗日的协议，国民党政府发给八路军经费，国内外进步人士也给边区一些财力物力援助，这两方面构成边区财政收入的主要来源。到 1939 年，边区财政收入的 90%以上仍来自外来援助。这一时期边区的财政方针是：争取外援，休养民力。公粮在 1937 年和 1938 年都只征 1 万石，税也很轻。

武汉失守后，国民党逐渐消极抗日、积极反共。1940 年，国民党政府停发八路军军饷，并阻截国内外给边区的捐助。1941 年“皖南事变”后，国民党对边区实行严密封锁，使边区的外援全部断绝，财政经济陷入严重困难中。毛泽东曾说：

最大的一次困难是在 1940 年和 1941 年，国民党的两次反共摩擦，都在这一时期。我们曾经弄到几乎没有衣穿，没有油吃，没有纸，没有菜，战士没有鞋袜，工作人员在冬天没有被盖。国民党用停发经费和经济封锁来对待我们，企图把我们困死，我们的困难真是大极了。

在这种情况下，边区政府不得不采取发展生产以解决财政困难的方针，同时实行紧缩开支、增加税收的应急办法。征收公粮，1940 年是 9 万石，1941 年增加到 20 万石。征公粮任务太重，引起部分群众不满。

由于国民党政府对边区的全面封锁，边区贸易严重入超，金融不稳定，到 1943 年时，边区钞票增发了 17 倍，物价上涨了20倍。1944年3月，中共中央政治局委员、中央书记处书记陈云接到一项新的任命，根据毛泽东的提议，中央政治局会议决定陈云兼任西北中央局委员、西北财经办事处副主任。陈云担任西北财经办事处副主任后，西北财经办事处主任贺龙便集中精力抓军事工作，边区财政经济工作实际上由陈云主持。

出任西北财经办事处副主任后，陈云经常到延安南门外的市场去，与农民和商贩交谈，直接了解物价波动情况。他还让人想方设法了解国统区的物价和物资储备情况。

在陈云主持下，1944年和1945年，边区财政工作在贯彻落实"节约储蓄，增加生产自给，备战备荒"和"生产节约，长期打算，积蓄物资，准备反攻"的方针上取得很大成功，避

陈云同贺龙在中共七大主席台上

免了一些单位存在的大量浪费人力、物力的现象，建立起“大公”的家底。1944 年边区的财政收支基本达到平衡。1945 年随着反攻的到来，边区大批干部、部队开赴前线，财政支出急剧增加，但由于延安大小家当都已建立起来，边区“大公”即财政储蓄足用一年，“小公”即各单位也都有储蓄，保证了边区广大干部开辟新解放区所需的路费、服装、马匹等费用，并为边区人民留下一些家底。

陈云主持边区财经工作，在很短时间内，取得这么大的成就，来之不易。1944 年 12 月初，他说：

自三月六号朱总司令和我谈话以后，到现在差不多有九个月，这九个月里，我感觉比做组织部的工作难得多。

陈云主持边区财经工作，不到一年半时间。他贯彻“发展经济，保障供给”的方针，改变了贸易入超的被动局面，实现了金融稳定、财政平衡和生产发展。这不仅对打破封锁、实现边区军民的“丰衣足食”，为抗日反攻准备了力量，具有重大的意义，而且也为解放战争作了重要的经济准备。陈云声望极大提高。

抗战胜利后，中共全力以赴抢占东北，13 名政治局委员出动了陈云、张闻天、彭真和高岗 4 名，更派大员林彪、罗荣桓和李富春等经营这个重工业基地。陈云主管财经“老本行”，重大财经方针政策，钞票印多少都要他来定。陈云把财经问题分为生财和理财之道，生财包括清算敌伪财产、税收、发公债等。

理财则是根据战时经济的混乱，手里经常拿物资，不要拿票子；要预筹当地经济以及东北对全中国的支援。国民党在“劫收”中迅速腐烂，共产党却没被灯红酒绿打垮。

打赢经济上的“淮海战役”

1949 年，为适应各大解放区财经统一的需要，特别是为即将诞生的新中国的经济恢复和发展作准备，中共中央在组织领导方面采取了一项重大举措，就是建立中央财政经济委员会。

1949 年 3 月 20 日，中央正式提出成立中央财政经济委员会。关于中央财经委员会主任人选，早在 1949 年 2 月党的七届二中全会召开前，经周恩来推荐，中共中央和毛泽东就已决定由陈云担任。

筹建中央财经委员会，千头万绪，陈云到北平后的第一件事情是物色干部，租房屋。

7 月 12 日，陈云主持召开中央财经委员会成立会议。中央财经委员会由 6 局 1 处组成，下属 13 个处、行、署、部、会。

新中国成立初期的财政经济形势是十分严峻的。1949 年与全国解放前的最高年份比较，农业总产值下降 20％以上，工业总产值下降一半；交通严重破坏，城乡交流阻塞，津浦、京汉、粤汉、陇海等主要铁路干线没有一条可以全线通车，公路有三分之一不能使用；人民生活水平严重下降。更为突出的困难是：连续 12 年的恶性通货膨胀和物价飞涨情况，严重地影响着工农业生产的正常进行和人民生活的安定。从 1937 年 7 月到 1949

政务院财经委员会成立时合影（前排左六为陈云）

年5月的12年中，国民党政府发行的货币，从法币到金圆券，共增发了1400多亿倍，同期物价上涨了8400多亿倍（以战前的法币计算），达到了天文学的数字。全国解放前夕，国民党政府的货币几乎成了废纸，城市中到处以金条、银圆、美钞、港币为交换手段，广大农村则普遍流行以物易物。总之，国民党政府留下的支离破碎、千疮百孔的烂摊子，需要新生的人民政府抓紧治理，尽快建立起新的经济秩序。

面对这种严峻形势，主管全国财经工作的陈云，身上担子之重，压力之大，可想而知。

陈云经过多方面调查研究，反复深入思考，首先从统一管理全国财经工作和稳定物价入手。陈云认为，不论从支持全国解放战争的彻底胜利，从根本上克服财政经济困难方面来说，还是从增加财政收入，减少财政赤字，逐步实现市场物价稳定的要求来说，都必须改变过去各个根据地、解放区分割，财经工作分散管理的格局，实行全国财经工作的统一管理。1949 年 12 月 28 日，陈云起草的答复华东财委并发中南、西南、西北等大区财委的电报中，就明确提出财政经济要统一管理。经过充分酝酿，政务院于 1950 年 3 月 3 日发出了由陈云亲自起草的《关于统一国家财政经济工作的决定》。同时，相应地作出了统一财政收支管理、统一仓库物资清理调配、统一公粮收支调度、统一国家机关现金管理、统一国营贸易实施办法等一系列具体规定。3 月 10 日，陈云为《人民日报》撰写了一篇题为《为什么要统一财政经济工作》的社论，全面阐述上述决定的主要内容和重要意义。事实证明，统一管理财经工作的决定，是非常及时的，完全正确的。随着这一决定的贯彻执行，很快就实现了全国财政经济状况的基本好转，实现了财政收支平衡和物价的基本稳定。中华人民共和国建立短短半年的时间，即 1949 年 10 月到 1950 年 3 月，就实现了财政收支基本平衡，做到了使延续多年不断上涨的物价稳定下来，这不能不说是一个奇迹。毛泽东曾高度评价这一胜利，说它的意义不下于淮海战役。

为指挥经济战线上这一“淮海战役”，达到出奇制胜的要求，陈云曾于 1949 年 7 月下旬去上海调查研究，明确提出并具体帮助上海解决“两白一黑”的问题。“两白”，一个是大米，一个是棉花，“一黑”就是煤炭。大米是保证市民吃饭；棉花是保证棉纺厂恢复生产，并掌握棉纱棉布货源，保证城乡人民穿

国民党统治时期，恶性通货膨胀造成物价暴涨，全国财经一片混乱。图为解放前夕上海外滩国民党中央银行门前挤兑黄金的人群

衣；煤炭是保证工业生产和市民的燃料供应。这三样东西，既关系民生、工业生产之必需，也是与投机资本作斗争，保持市场物价稳定所必须掌握的重要物资。为此，陈云亲自部署从四川、江浙等地调粮，从华北、中南调棉调煤，并具体指挥运输调度。

为了掌握全局的财经情况，了解市场动态，及时研究对策，陈云每天早晨上班至少要看三张统计表：一是前一天上海、天津、北京、武汉、西安等主要城市的物价变动情况统计表，二是前一天这些主要城市国营贸易公司的重要物资库存情况统计表，三是前一天各地的税收收入、货币投放和财政收支情况统计表。陈云还挤出时间，作市场物价情况调查，经常到王府井大街、前门大街、东单菜市场等地逛市场、看商店、察行情、听意见，看日用百货、蔬菜、肉食等的供应情况和物价变化动态，掌握第一手材料。

为了全面、有力地打击投机资本的猖獗活动，稳定市场物价，陈云对国营贸易公司掌握的粮食、棉纱、棉布等关系国计民生的重要物资（这些物资也是当时投机资本冲击的对象），除了正常的吞吐以外，什么时间集中向市场投放，一次抛售多少，都亲自作布置，并要求各主要城市要在同一时间一齐行动，以收事半功倍之利。1949 年 10 月 15 日从上海、天津开始，接着波及华中、西北地区，发生了一次很大的全国性物价波动。陈云亲自指挥平息这次物价波动的斗争，在短短几天的时间里，就止住了物价上涨势头，稳定了市场，并给囤积居奇、哄抬物价的投机资本以歼灭性的打击。事后，上海的资本家说：中共此次不用政治力量，就能稳住物价，给上海工商界一个教训，是上海工商界所料不及的。1950 年，有人说陈云主持中央财经委员会工作很得力，毛泽东当场拿起笔来，写了个“能”字。这正是诸葛亮在《前出师表》里叙述刘备夸奖向宠的用语：“先帝称之曰能……”

中国社会主义经济建设的开创者

全国财经工作实现统一管理后，国家财政、金融状况大为好转，各地物价迅即趋于稳定。但新的问题又冒出来了。这就是：从1950年4月份开始，各地市场上出现了商品滞销的新情况，很多工业品卖不出去。并由此引起不少私营工厂减产停产，或者关闭；许多商店歇业；失业人员增加，整个经济又面临新的困境。之所以出现这种情况，从根本上说，是旧中国半殖民地半封建经济在改组改造过程中走向新生、走向重建、走向繁荣的一种难以避免的现象。具体说来，主要是由于在稳定物价的斗争中投机资本受到严重打击，过去多年战争期间形成的虚假购买力一下子消失了；同时，旧的城乡关系基本上被打乱，新的城乡交流秩序还没有完全建立起来，以及城乡人民的购买力低。为了尽快扭转这种不利的局面，活跃城乡经济，帮助私营工商业渡过这一暂时的困难，陈云这时又集中力量重点抓了调整工商业的工作。陈云在当年5月下旬召开的上海、天津、北京、武汉、广州、重庆、西安等七大城市为主的工商局长会议上，提出了扭转商品滞销、解决工商业困难的具体措施。接着，在6月上旬召开的党的七届三中全会上，他又提出了调整公私关系和整顿税收的意见。6月中旬又在人民政协全国委员会第二次会议上作了《关于经济形势、调整工商业和调整税收诸问题》的报告，并相应地确定了对私营工商业采取加工订货、调整价格政策和税收政策等具体措施，兼顾公私利益，协调公私关系。陈云所提出的这些政策措施，是深入调查研究、多方听取意见的结果。

陈云亲自制定的调整工商业的各项政策和一系列具体措施实施后，不到半年时间，全国的经济情况就大为改观，工业生产很快得到恢复和发展，农村经济迅速活跃起来，城乡市场呈现出一片繁荣景象。陈云1951年4月在总结1950年的财经工作时，非常概括地指出：

去年我们做了很多工作，只有两个重点，一是统一，二是调整。统一是统一财经管理，调整是调整工商业。统一财经之后，物价稳定了，但东西卖不出去，后来就调整工商业，才使工商业好转。六月以前是统一，六月以后是调整。只此两事，天下大定。

1953年启动的第一个五年计划，是为推进社会主义工业化采取的重大步骤。陈云为“一五”计划的制定和实施耗费了很多心血。

国民经济恢复任务的胜利完成，为我国开始有计划地大规模经济建设提供了前提条件。这时，陈云又按照中央的要求，把工作重点转到拟订国民经济发展计划方面。早在1950年上半年，全国财经工作实现统一管理，财政经济状况开始好转以后，陈云就对第一个五年计划的编制进行了初步考虑，对建设的轮廓提出了一些设想。他首先考虑的是农业和水利建设，再就是铁路建设，也考虑了钢铁、机器制造、化肥等工业的建设。只是由于下半年出现了抗美援朝的新情况，使得这些设想没有能够具体化。到1952年下半年，全国土地改革已经基本完成，抗美援朝战争也已胜利在望，特别是国民经济恢复工作即将完成，陈云就及时地将工作重点转到“拟定建设计划，准备干部，迎接大规模经济建设”上来。他和周恩来总理、李富春等一起，主持了第一个五年计划的编制工作。

经过多方面听取意见，反复讨论修改，第一个五年计划的基本框架和主要内容大体定下来以后，陈云于 1954 年 6 月 30 日向中央作了《关于第一个五年计划的几点说明》的汇报。汇报提出，要从我国的实际出发做好计划工作。他在讲了要注意处理好“农业与工业的比例”“轻重工业之间的比例”“重工业各部门之间的比例”“工业发展与铁路运输之间的比例”之后，强调指出：

按比例发展的法则是必须遵守的，但各个生产部门之间的具体比例，在各个国家，甚至一个国家的各个时期，都不是相同的。……唯一的办法只有看是否平衡。合比例就是平衡的；平衡了，大体上也会是合比例的。

我国因为经济落后，要在短时期内赶上去，因此，计划中的平衡是一种紧张的平衡。……样样宽裕的平衡是不会有的，齐头并进是进不快的。但紧张决不能搞到平衡破裂的程度。

这是陈云从我国实际情况出发对马克思主义计划经济学说的具体运用和发展。

1955 年 3 月 31 日，中国共产党全国代表会议对陈云主持起草的“一五”计划草案进行审议并原则通过。

此后，陈云又为“一五”计划的实施殚精竭虑。第一个五年计划确定的国民经济发展速度，主要工农业产品产量的增长幅度，以及各项重要建设指标等，都是稳妥可靠、留有余地的。

1954年2月，陈云兼任中央编制第一个五年计划纲要草案工作小组组长。他主张，建设规模必须同国家的财力物力相适应，人民生活和国家建设必须兼顾，制订经济计划必须做到财政收支、银行信贷、物资供需和外汇收支的综合平衡。图为1955年3月，陈云在中国共产党全国代表会议上作关于发展国民经济的第一个五年计划的报告

加上在实施过程中采取了一系列具体有效的措施，计划的执行相当顺利，有些指标在1956年就提前实现了。实事求是地说，这时的整个经济形势是很好的，各方面的发展基本上是快速的、健康的。新中国第一个五年建设计划，于1957年全面超额胜利完成。

高度集中的计划经济体制发挥了重要的历史作用，但其弊端也随之而来。陈云敏锐地认识到这一点。1956年3月30日和6月30日，陈云在全国工商业者家属和女工商业者代表会议与一届全国人大三次会议的两次讲话中，提出了一些办法，主要是：在经济运行方面，采取适当方式引入市场机制；运用价格手段调节消费品市场供需，搞活市场。在市场结构方面，在国家统一市场中保留部分自由市场。在所有制方面，城乡一部分个体生产和个体商业、服务业等应长期保留，以便民和利民。这些办法的核心是扩大市场机制的作用。

1956年9月15日至27日，中国共产党召开了具有重大历史意义的第八次全国代表大会。9月20日，陈云在中共八大上，将他对经济体制问题的一些想法概括为“三个主体，三个补充”：

在工商业经营方面，国家经营和集体经营是工商业的主体，一定数量的个体经营是补充；在生产计划方面，计划生产是工农业生产的主体，按照市场变化而在国家计划许可范围内进行的自由生产是补充；在流通领域，国家市场是社会主义的统一市场的主体，一定范围内国家领导的自由市场是补充。

陈云的意见受到大会的重视，被写进大会决议之中。这是从理论和实践上突破苏联模式，探索经济体制改革道路的重要尝试，在当时是十分难能可贵的。9 月 21 日，《人民日报》全文发表了陈云在八大会议上的讲话。9 月 28 日，在八届一中全会上，毛泽东当选为中共中央主席，刘少奇、周恩来、朱德、陈云当选为中共中央副主席，邓小平当选为中央委员会总书记。他们六人组成中央政治局常务委员会，这是七大形成的中国共产党第一代中央领导集体的继续。

早在 1956 年 9 月 13 日，毛泽东在中共七届七中全会第三

1956 年 9 月 15 日至 27 日，陈云出席在北京召开的中国共产党第八次全国代表大会。图为陈云在主持中共八大闭幕会

次会议上，谈到中共中央所设副主席和总书记时说：

至于陈云，他也无非是说不行，不顺。我看他这个人是个好人，他比较公道、能干，比较稳当，他看问题有眼光。我过去还有些不了解他，进北京以后这几年，我跟他共事，我更加了解他了。不要看他和平得很，但他看问题尖锐，能抓住要点。所以，我看陈云行。至于顺不顺，你们大家评论，他是工人阶级出身，不是说我们中央委员会里工人阶级成分少吗？我看不少，我们主席、副主席五个人里头就有一个。

被称作“红色掌柜”的陈云，与算账和算盘结缘，可以追溯到他的少年时期。后来，陈云长期主管财经工作，十分重视算账。他心里不仅有大账，而且还有各种各样的明细账。陈云长期主持财政经济工作，提出了许多正确的指导思想、工作方针和重大措施，为新中国成立初期迅速恢复国民经济、安定人民生活，为国家社会主义工业化和社会主义经济建设的开创和奠基，作出了突出贡献。陈云在领导全国财政经济工作中表现出来的卓越才能，为毛泽东同志所赞扬，为全党所钦佩。

青浦调研

青浦县，位于上海市西部。它河港交错，河面波光粼粼，每到春冬多雾季节，白茫茫的雾气轻飘如纱，是典型的江南水乡。水乡造就这里的人们细腻的性情，孕育了水乡人民茁壮成长，他们质朴淳厚，辛勤耕耘。而正是这温柔的水乡，在波澜壮阔的革命事业中涌现了一批风云人物。

中国的"红色掌柜"陈云，就出生在这里。青浦的出名，不仅在于它与生俱来的水乡景致，而且因为它同陈云一起，在中国历史发展进程中留下了深刻印记。

早在 1927 年，为贯彻执行"八七"会议精神，陈云在青浦地区领导农民抗租斗争。农民的抗租斗争和暴动汇成了青浦农民运动高潮，威震江、浙、沪地区。这次斗争动员、教育、锻炼了成千上万的农民，扩大了我党在上海、江苏农村的影响。

这一次青浦抗租斗争，是陈云和家乡青浦革命佳话的开始。新中国成立后，陈云多次回到青浦。陈云回青浦，并不是所谓的"衣锦还乡"，他一次又一次地来到水乡搞调查研究，从群众和地方工作中吸取智慧和力量。

奔赴青浦寻政策

1955 年 1 月、5 月，1957 年 3 月，陈云都曾回到家乡进行三次农村调查。但陈云耗时最长，调查内容最广的一次，是在 1961 年。

1961 年 6 月 27 日，陈云乘坐火车抵达上海石湖荡车站，火车到站后，陈云片刻未曾停歇，立即踏上去往青浦县小蒸公社的木船。

时值初夏，泛舟河上，微风拂面，河岸绿树成荫，本是一片醉人心脾的圣境。然而，坐在木船中的陈云却无心欣赏身边的美景。他不停地同身边两位来自小蒸公社的负责同志交谈着。小船缓缓前行，一路上两位负责同志一边摇船，一边汇报小蒸公社的生产情况。

是什么让陈云如此牵挂，以至于忽略了两岸的风景？

20 世纪 50 年代末，国家的建设和发展受到“左”的错误的影响，“大跃进”和农村人民公社化运动给中国的发展带来了极大的负面效应。“大锅饭”的分配方式导致农业生产出现“干多干少一个样”的情况，严重挫伤了劳动者的生产积极性

“屋漏偏逢连夜雨”，此时的中国又遇上严重的自然灾害。

60 年代的第一个春天，并没有给中国人民带来太多的春意。

1961 年 1 月 14 日至 18 日，毛泽东主持召开了中共八届九中全会。会上确定了对国民经济实行“调整、巩固、充实、提

高”的八字方针。这是1958年“大跃进”以来经济指导工作的一次极为重要转变。为进一步弄清困难和问题的症结所在，毛泽东在八届九中全会召开前夜的中央工作会议上号召“大兴调查研究之风”，他说：“今年搞一个实事求是年。”

坚持亲自做调查研究，是陈云一贯的工作方法。他很早就对“大跃进”中出现的弊端感到十分焦虑。所以，在中央明确提出要调整经济政策后，陈云决定到农村进行实地调研，他把调整党在农村的基本政策作为调整国民经济的重要内容。

陈云正是在这个背景下决定到家乡附近的小蒸进行调研。

调研需听真心话

陈云选择青浦小蒸公社搞调研是有自己的考虑的。他要了解真实情况，到别的地方去碍于形势和自己的身份，很难得到客观的信息。陈云认为青浦是他的老家，1927年农民暴动时的好多农民朋友现在还在那里，对自己是熟悉的，应该顾虑会小些。陈云希望能够了解中国农村建设的真实情况。

对这次调研，陈云格外重视。早在两个多月前，陈云就已经派先遣队到家乡青浦县小蒸、观音堂进行摸底调查，做准备工作。

这就有了木船上的一幕。

经过长途跋涉，陈云终于到达了小蒸。令他人意外的是，对陈云的接待工作做的十分简单。原来陈云曾特意叮嘱调查小组的成员：“现在全国人民正处在困难时期，我们要和他们同甘共苦。”

陈云住到了一同闹过革命的战友陆铨生家中，陆铨生的儿子陆恺悌，至今对当时的情形记忆犹新：

图为1927年小蒸农民武装暴动指挥所旧址。陈云在这里经常同农民谈话，并在这里住过

（陈云）就住在我们家里头，1927年农民暴动的时候，开会也都在这里。他不希望住到公社招待所里，住到招待所里距离村民就“远”了，不跟农民在一起的话，听不到农民的真心话。

但此时的陈云，在乡亲们的心里已经是位大官了。刚开始，乡亲们还是心存顾虑。

面对这个情况，陈云十分客气地和乡亲们商量说，你们要把我作为老乡来讲，要讲实话。你们不要把我作为一个领导来讲。你讲得不好或批评我们的工作，我也不会给你戴帽子的。你要把真实的情况告诉我。

陈云，等的就是百姓真实的声音。

为了能深入群众，了解情况，解决燃眉之急，每天上午，陈云都深入农民家里，到田间地头跟农民谈话，观察他们日常生活和务农情况。

陈云不顾病体，奔走在崎岖的乡村小道之间。这件事，曾经让随队调研的医护人员十分担心。因为农村小路中间有许多沟，碰到路上有水沟，需要跨过去，车并不能走。陈云到农村里去考察的话，要走很长的路。陈云的身体状况本身并不太好，医生建议陈云半天工作半天休息，但实际上，陈云上午开座谈会，下午到农村考察，根本没有时间休息。

陈云用自己的行动取得了群众的充分信任。

私养为主，公养为辅

在陈云的努力下，乡亲们放下了心中的不安，向陈云汇报了情况。小蒸的发展不容乐观。

养猪，是中国农村传统农业生产项目之一，它关系到农民的日常生计。对不少农村家庭而言，养猪就等于开了一个活的“家庭银行”，家庭的大宗费用、年节开支，很大部分需要靠养猪卖钱来解决。

小蒸原是青浦养猪最多的地方，人民生活也相对富裕。然而，“大跃进”时期，私养家畜家禽成了小资本主义的表现，在一顶顶“帽子”下，猪的产量越来越少。小蒸公社1957年猪的全年存栏数达到1.6万头，1960年大幅度下降到5600头，减少近三分之二。

陈云对这样的现象评论到：“你们现在是王小二过年，一年不如一年，为什么越养越少，越养越不好？”

带着这个疑问，陈云率队亲自调查了两个养猪场。

陈云在考察中十分善于观察细节。当陈云到庐花养猪场看了养猪情况后，他说饲养员管理得不好。他解释了下这一定论的理由：养猪场的小猪都在乱草堆里，毛色发黄。饲料方面也有问题，没有精饲料，仅有柴草。

在集体养猪场调研的过程中，平素喜怒不形于色的陈云发了火。这是因为他还发现饲养员的责任心不强，喂猪时随手将食物一放，便不去理会哪头猪吃的多，哪头猪吃的少，这导致了有的猪肚皮吃的滚圆，有的连一口食物都没吃上。猪圈的卫生条件也十分差。

面对这种情境，陈云严肃地质问："从来没有见过有这样养母猪的地方，这样的猪场能增产猪仔吗?"答案当然是否定的。

这是陈云亲自到现场调查得出的初步结论。

然而，陈云并没有武断地宣称公养母猪是不合适的。在陈云的调查中，他善于用"比较、交换、反复"的方法来寻找结果。

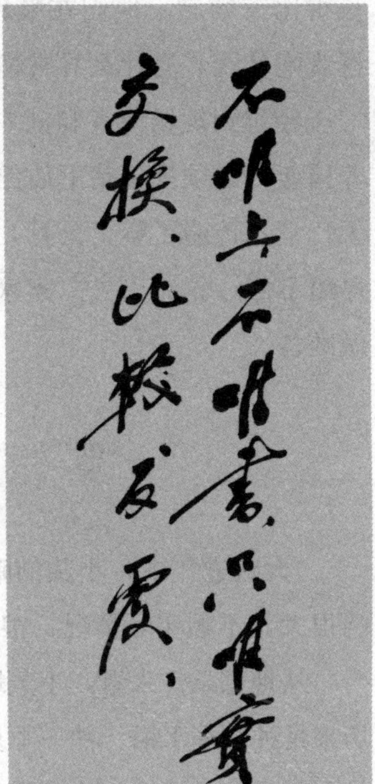

陈云在延安整风中提出"不唯上、不唯书、只唯实，交换、比较、反复"的观点，作为自己行动的准则。图为1989年陈云书写的手迹

也就是反复研究，多听意见，达到客观实际。于是，陈云召集养猪的社员们就私养母猪问题谈了几次。

陈云还了解到，私养母猪的农民，对比较瘦弱的奶猪特别照顾，常常把他们放在奶水最多的第三个奶头上吃奶，猪的习性是认奶头的，以后就会固定在第三个奶头上吃奶，这样猪就长得比较均匀。他们在喂猪时也很细心，注意猪什么时候吃、喜欢吃什么，有什么异常情况都会一一排查。

经过到现场调查和同农民交流后，陈云得出结论：要发展养猪业，必须把母猪下放给农民饲养。就在陈云做出结论的当天，消息传遍了整个公社，农民们纷纷出去搞水草做饲料，人停船不停，轮流出去。家家户户都晒满了水草，为下一步养猪做准备。

“稻”“地”都应思民情

“大跃进”中，小蒸的瞎指挥、浮夸风对当地的农业生产影响很大，不顾实际情况，浪费资源瞎折腾，让百姓吃尽了苦头。

从地理条件来看，小蒸地势低洼，无霜期不够长。所以农民历来是种一季水稻，种一季夏熟作物。在“大跃进”运动中，公社强制要求村民把“单季稻改为双季稻”，以此来提高粮食产量。

实行“双季稻”政策后，小蒸地区每亩确确实实多收了220斤粮食，但站在陈云面前的村民们却满面愁云。这又是一桩奇怪的事情，为什么粮食产量上去了，村民们却不满意呢？

当时农民对种双季稻特别有意见，因为青浦小蒸根本没有条件种好双季稻。种双季稻的时候，下种要早。然而此地气温较低，还在落霜，有的种子落下去以后就烂掉了。烂掉后又要下一批，种子成本高，劳民伤财。老百姓、干部都知道不好，但不种不行，上面有指标。大家都说，双季稻是“伤心稻”。

善于打算盘的陈云细细地算了笔账。他发现种双季稻表面看比种单季稻多收 220 斤，但实际上种双季稻各方面损失都很大，包括寄秧田的减产，多用的稻种、肥料和劳动力，各项损失总和约 300 余斤。陈云指出，作物安排必须因地制宜。历史上长期形成的耕作习惯，不要轻易变动。不研究客观条件，主观地把单季稻改双季稻，把这作为增产粮食的主要措施，是不切实际的。

陈云得出的结论是——种双季稻显然得不偿失，根据小蒸情况，种双季稻不如种单季稻加种蚕豆。

美丽的田野中本不应该种植“伤心稻”，陈云用实事求是的调查研究方法，得出了客观的结论和对策，小蒸村民重新种上了赖以生存的“幸福稻”。

除了养猪问题和种稻问题，小蒸还有一个急迫的问题需要解决。那就是自留地问题。自留地，就是中国农业集体经济组织按政策规定分配给成员长期使用的土地。

小蒸地区在高级农业生产合作社时期，有自留地七百多亩，只占耕地面积的百分之三。人民公社化时把自留地统统归公。1959 年第二次郑州会议提出人民公社实行权力下放后，分了三百多亩大田作农民自留地，可是，春天分了，秋后又归公，自留地所产粮食也折价归公。本来社员还保留一些可以种植的空隙地，后来也陆续变为公共食堂的菜地了。

自留地划分情况不断反复的原因在于，地方的干部对到底要不要留足自留地在思想上存在疑虑。他们的心情十分矛盾，一方面认为很有必要再多分一点自留地，另一方面对多分自留地仍有各种顾虑。对前者来说，对辛勤耕作的农户而言，自留地是社员生产生活中不可缺少的地。但又有人担心，集体耕地少了，完不成征购任务怎么办？还有人担心，农民有了自留地，到时候只关心自留地，不积极参加集体劳动，会影响队上的生产。

对于自留地一事，陈云在小蒸通过座谈会的形式，同小蒸的社员们进行了诚恳的交流。经过讨论，大家认识到此前的顾虑是不必要的。农民种自留地，可以种得很好，单位面积产量比生产队高。增加一点自留地，可以使农民的口粮得到一些补充，生活有所改善。再加上包产落实、超产奖励、多劳多得等一系列的措施，农民对集体生产的积极性就容易提高。农民的积极性提高了，种这样一点自留地决不会妨碍集体出产，相反地会促进集体生产的发展。

“我们一定要想办法尽快改进工作”

在 1961 年的这段时间里，陈云一有空闲就会到屋外走走看看，同遇见的老乡们聊聊天。

一天晚上，陈云正在散步，恰巧遇见几个老农民在桥上乘凉。陈云亲切地问他们：“解放以来生活过得如何？干部态度好不好?”一位老农说:“解放以来老百姓分到土地,当了土地的主人。干部不打人,不骂人,比国民党时期好得多,但现在就是肚子吃不饱。”另一个老农还拍拍肚皮说,“肚皮这么大,天天喝稀粥喝的。”

处于江南地区的青浦,粮食产量在全国范围内是较高的,农民却仍然存在“肚子吃不饱”的问题,这使得陈云的内心十分焦虑。这天晚上,陈云一夜未眠。

在第二天的干部座谈会上,陈云动情地说:

现在老百姓的肚子还吃不饱,生活还那么困难,说明我们的工作没有做好,还存在不少问题。应该说主要责任在中央,是我们中央的几个同志工作没有做好,我就是其中之一。我们一定要想办法尽快改进工作,这次来调查研究,就是这个目的。

这段话令在场的每一位同志都十分感动。一位副主席能够当着基层干部和群众的面承认工作没有做好,并认真地向大家作检讨,难能可贵。

陈云的儿子陈元曾有一段回忆:

我上初中的时候,父亲很喜欢去公园散步,包括中山公园、北海公园、天坛等。小时候我老跟着他去。他有时候兴致很高,会跟游人谈话,谈笑风生。然而在有段时间里突然就不去公园了。我觉得特别奇怪,就问:“爸,怎么这两年不去公园了?”父亲非常沉重地跟我说:“现在老百姓吃不上饭,我对不起老百姓。”

1961 年 6 月至 7 月，陈云在上海市青浦县小蒸公社作农村调查。图为陈云与公社干部的合影

1961 年 6 月 27 日至 7 月 12 日的这段时间内，陈云在小蒸开了十次专题座谈会。内容涉及公养猪、农作物种植安排、自留地、农村商业、干部和治安等问题。对十次专题座谈会所谈的问题，陈云在调查研究后都一一作出了结论。

为了论证比较在小蒸公社调查得出的结论，陈云在离开青浦后，又到了同青浦情况相似的杭州和苏州，与当地的县委书记和若干个大队支部书记，研究公私养猪、农作物安排和自留地的问题。

回到北京之后，陈云总结调查研究的成果，写出了《母猪也应该下放给农民私养》《种双季稻不如种蚕豆和单季稻》《按中央规定留足自留地》三个调查报告。1961 年 8 月 8 日，陈云致信邓小平，谈了青浦农村调查的基本情况，并附上了这三个专题报告。

经邓小平批示，将陈云的信和三个报告印发给在庐山召开的中央工作会议代表，对落实调整农村政策，调动农民积极性，解决农业困难，产生了积极影响。

如今，这三篇调查报告收录进了《陈云文选》中，从报告中大到中央在农村的政策，小到农民养猪的具体细节，我们能体会到陈云在青浦调查期间付出的心血和对中国农民生活的牵挂。而这只是陈云一生注重调查研究的缩影。

对于陈云的调研精神，毛泽东曾作过这样的评价：陈云之所以对经济问题懂得特别多，领导经济工作所以能够取得如此巨大的成绩，最根本的原因，是他十分重视调查研究。

今天，当我们再次翻开这尘封的岁月，《陈云文选》中的报告仍默默地向人们讲述着陈云在青浦调研的段段往事，它是陈云留给后人的一笔宝贵财富。

逆境风骨

1969年11月初的一天，福州军区南昌青云谱干部休养所（现江西省军区第一干休所）副所长沈玉贵接到江西省革委会、省军区的通知：从北京来的一位叫“陈元方”的首长将到干休所居住，要求做好接待工作，而且要求安排“陈元方”在江西化工石油机械厂“蹲点”调研。末了还特地叮嘱他，此事务必保密，出了问题后果自负。

11月3日晚，“陈元方”乘坐的轿车驶到青云谱干休所8号房前缓缓停下。他慢慢走下车来，早在此地等候的沈玉贵觉得这位北京客人很面熟，但一时没有想起来，过了片刻才反应过来。

这个让沈玉贵面熟的“陈元方”首长正是陈云。陈云后来解释说：“我有两个儿子，一个叫陈元，一个叫陈方，把两个儿子的名字合在一起就叫陈元方。”

江西 “蹲点” 多读书

这是“文化大革命”的第四个年头，因1962年提出搞“分田到户”受批评而早已赋闲的陈云被疏散到这里“蹲点”。除了几位工作人员外，没有一位亲人陪同。而他随身携带的最主要的物品是装满了两个铁皮箱和一个木箱的书籍。沈玉贵回忆说：“凡是去看首长，手上拿的不是书，就是报纸。凡是去，他都是学习。”

就连时任陈云秘书的肖华光也迷惑不解：

我们很奇怪，因为当时我们脑子里，已经到这个地步了，你虽然是没有完全被打倒，但是你也不行了。但是他居然能沉下心来，他每天晚上看到十一二点。

在江西读过的这些著作中，陈云大多作了标注，有的还写有简短的心得体会。其中，他标注最多的是《列宁全集》，在书上画了密密麻麻的杠杠圈圈。无疑，这是他用心最多的一部著作，而这部做满标记的《列宁全集》也成了陈云在逆境中的最好见证。

在“文革”这种特殊的环境下，多次遭受政治挫折而又客居他乡的陈云在关注什么问题呢？在与探望他的长子陈元的谈话中，陈云提到了一个重要问题。

“党的民主集中制。这是他从建国以后主持经济工作当中反

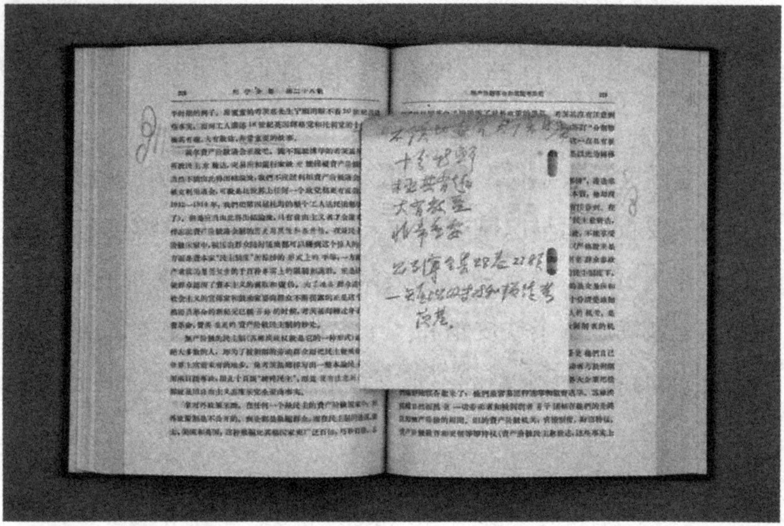

这是陈云阅读过的《列宁全集》及所作的批注

反复复和他所经历的各种坎坷和批评得来的。他认为按照列宁的民主集中制，党建基本原则，这些问题应该可以在党内进行讨论，可以通过讨论以后辩明是非，总结经验，然后再加以实行。很多‘左’的错误，都是因为党的民主集中制的破坏，实行一言堂，没有听取其他方面的意见，而很多时候可能别的同志的意见是正确的。他对这点非常关注。”时隔多年，陈元依旧记忆犹新。

陈云关注的问题是党内民主，而这时恰恰是中国共产党党内政治生活最不正常、最缺乏民主的时候。

在党内高层，陈云以冷静、稳健、敢于提出并坚持自己的观点而著称。“不唯上、不唯书、只唯实，交换、比较、反复”

十五字诀是他工作和思考问题方法的最好例证。

与陈云多有接触的中共中央政治局原常委宋平解释说：

这十五字箴言充分体现了毛泽东同志倡导的实事求是的精神。“唯实”就是不说假话，不信假话，把事情调查研究清楚。上级的话当然要听，书当然要读，但都要结合实际去理解，去运用和执行，不能照搬，不能当成教条。对那些脱离实际的错误的东西，对那些假冒伪劣的东西，不仅要善于识辨还要敢于批判。

与陈云相伴一生的夫人于若木这样评价他的丈夫：

陈云同志的特点呢，我觉得最大的一个就是实事求是，冷静客观。遇到重大问题的时候啊，从来没有说头脑发热，惊慌失措，能够冷静地客观地分析情况。

“正确的就是他一个人”

新中国成立初期，主持全国财经工作的陈云为新中国的经济建设立下了汗马功劳，也树立了很高的威信。1956 年 9 月，中国共产党第八次全国代表大会选举产生了党的第八届中央委员会。毛泽东、刘少奇、周恩来、朱德、陈云、邓小平六人组成的中央政治局常务委员会成为全党的领导核心。51 岁的陈云和 52 岁的邓小平还被毛泽东称为“少壮派”。

这时，五十刚出头的陈云正处在一个政治家的黄金时期。

但八大后不久，中国的社会主义建设和政治生态发生了急剧变化。在各项工作顺利推进，经济建设取得巨大成就的同时，出现了不顾实际情况而片面追求速度的“冒进”现象。急于改变国家面貌的毛泽东的头脑开始发热起来，他赞成不断地、大幅度地提高和修改计划指标。在这种情况下，共和国经济建设的功臣陈云因“反冒进”问题受到严厉批评。

毛泽东以尖锐的语言批评说：“不要提‘反冒进’这个名词，这是政治问题。右派的进攻，把一些同志抛到和右派差不多的边缘，只剩了五十米。”批评的严厉程度，前所未有。

从此，陈云失去了对经济工作的话语权，他主持全国财经工作的地位实际上也被取消了，这是新中国成立后他遭受的第一次重大挫折。

于若木说：

他的意见遭到反对，他就不说话了，表示沉默。他也没有怨言，从来没发表过不满的情绪。

1958年的“大跃进”是在激烈批评“反冒进”的气氛中发动起来的，陈云是作为一个“反冒进”的检讨者置身其中的，他也真诚地希望经济落后的中国能有一个实实在在的大跃进。但面对强大政治压力的他依然没有选择盲从、紧跟，依然在做着冷静的调查、研究和思考。

“大跃进”一个突出的标志是“以钢为纲”，这也是工业的主要指标之一。时任国家计委重工业局局长的余建亭说：

这不仅仅是一个经济问题了。因为许多同志把钢铁的指标跟总路线、大跃进联系起来了。所以它同时也是一个政治问题，而且是重大的政治问题，全党关心的一个政治问题。

为了完成 1958 年 1070 万吨钢的指标，全民炼钢，严重破坏了国民经济的比例，造成了严重后果。毛泽东对“大跃进”中的高指标和浮夸风等弊端也开始有所察觉。原定的 1959 年 2700 万至 3000 万吨钢的指标显然是无法完成的。

1959 年 3 月，陈云视察桂林钢铁厂

1958年6月8日，陈云在北京听取关于石油工业发展情况的汇报

1958年11月和1959年3月，中央分别在武昌和上海召开中央全会和政治局扩大会议，对钢铁指标进行了两次下调，钢的生产指标大幅下调到了1650万吨。尽管如此，国民经济仍没有摆脱全面紧张的被动局面。毛泽东想到了陈云，他委托陈云对经济计划指标、特别是钢铁指标再进行研究。

钢铁生产在当时是重要的政治任务，在计划指标已经很高的情况下，要实事求是地把它压下来是有很大阻力的。但陈云还是采取他一贯的风格，广泛听取各部门、各方面的意见，进行详细的计算和综合分析，然后再发表意见。余建亭回忆说：

这个时候他当然找有关各方面人谈话了。冶金部谈过好多次了，国家计委也谈了。陈云同志也找我，个别谈话也谈过了。专门到他家里谈，详细地谈。他摸得很细的。从这个选矿、烧结、炼铁、炼钢、轧钢，他一个步骤、一个步骤都要摸，都要问。

时任冶金工业部副部长袁宝华也是当事人，他回忆说：

陈云同志找我们谈了一个礼拜，每天谈半天。从什么地方谈起，从矿石谈起。就是你这个铁矿有多少，哪个矿的情况怎么样，一个矿一个矿谈。谈了矿石，再谈你这个生铁的生产，究竟怎么样，能不能够适应你这个生产的需要。从矿石谈起，这我们是第一次。过去中央领导同志没有从矿石谈起，陈云同志从矿石谈起，这个调查研究真是做到家了。

陈云在仔细听取了各方面的意见后，最后把钢的指标压到1300万吨。钢的生产指标再次下压350万吨，这在当时是一件众所瞩目的大事，并不是没有反对意见。有的部门负责人认为这个指标太低了，会使下面泄气。各省市的负责人也有不同意见。

陈云丝毫不因这些意见而动摇。他在写给毛泽东的信中说：

说把生产数字定得少一点（实际是可靠数字），会泄气，我看也不见得，定高了，做不到，反而会泄气。

由于陈云的意见论据周密、材料翔实，很有说服力，毛泽东和中央政治局采纳了陈云的建议。这无疑是一次大胆的调整。实际生产的结果表明，经过这一年的努力，拼设备、拼劳力，到年终才勉强完成了 1387 万吨钢和 897 万吨钢材。

这件事使毛泽东又重新认识了陈云。他评价陈云说：

正确的就是他一个人，他这个人是很勇敢的，坚持真理也勇敢。

1959 年庐山会议前，毛泽东在去长沙的火车上同王任重谈话时说：

国难思良将，家贫思贤妻。陈云同志对经济工作是比较有研究的，让陈云同志来主管计划工作、财经工作比较好。

这是毛泽东对陈云所作的又一次重要评价。

“七千人大会” 陈云为何不讲话?

但庐山会议后，在由纠“左”转为“反右倾”的政治形势下，经济建设继续“大跃进”，经济工作中好不容易压下来的指标又一再盲目提高。1958 至 1960 年三年“大跃进”造成了严重后果。1960 年，国民经济的困难发展到最严重的地步，粮食供应难以为继，工业原料和日用消费品也十分短缺。

陈云自己的家里也不例外，长子陈元回忆说："我们家里孩子多，那时候吃不饱饭，所以经常饿肚子。经常是熬一大锅白薯粥，放一点米，放几块白薯，很稀，喝两碗粥。像我们家生活都已经是这样的情况，群众生活恐怕一定是也都很困难了。"

这时的陈云偏偏又患上了严重的心脏病。面对这种局势，陈云的心情更加忧虑。秘书肖华光说："他整天愁眉苦脸的，在沙发里坐着，经济困难怎么办？就看他没高兴的时候，天天坐在沙发里，低着脑袋在想。"

面对着原来没有料到的"大饥荒"的事实，毛泽东等领导人的头脑逐渐清醒过来，中央决定对国民经济进行调整。1962

1962 年 1 月，陈云同毛泽东、刘少奇、周恩来、朱德、邓小平在中共中央召开的扩大的中央工作会议上

年 1 月，扩大的中央工作会议在北京人民大会堂召开，来自中央、省、地、县的四级干部 7118 人出席会议。这次会议的目的是总结几年来的经验教训，统一思想认识，对经济、政治以及文化做进一步的全面调整。

在七千人大会上，中央政治局常委中的六位都讲了话，而陈云是唯一没有在大会上讲话的常委。

七千人大会研究专家张素华说："按道理从陈云来讲，他是管经济工作的，七千人大会呢，主要是总结 1958 年以来的经济建设方面的经验和教训。那最有资格发言的，最应该讲话的是陈云。"

陈云的卫士长牟信之回忆说：

毛、刘、周、朱都检讨了，陈云没发言。快散会了，毛主席说，陈云同志你谈一谈吧。陈云同志说我没有什么说的，我没有什么说的。

毛泽东对此的解释是：陈云不调查清楚他就不讲话。实际上陈云不讲话另有原因。

张素华分析道：

陈云为什么不讲话？是因为他对困难形势的判断和对怎么克服困难的办法跟毛主席或者跟大会本身不一样。从毛泽东来讲呢，认为最困难的形势已经过去了，再过两三年恢复然后就行了，再制订一个十年规划给大家鼓鼓劲就可以了。可是陈云却认为最困难的形势还没有过去。从陈云的性格和经历上来分析，我觉得陈云本人是不愿意讲违心的话。既然他的看法跟中央和毛泽东的不一致，那你说他在大会发言的时候，尽量地去跟中央保持一致，讲违心的话，这个不是他的性格。

没有讲话的陈云在等待讲话的适当时机。半个月后，刘少奇主持召开中央政治局常委扩大会议，讨论 1962 年的经济问题。由于这次会议在中南海西楼会议室召开，后来被称为“西楼会议”。这次规模要小得多的内部高层会议进一步对七千人大会未能充分展开讨论的问题进行了讨论，发现了一些当时没有暴露出来的严重问题。

2 月 23 日，经过反复考虑的陈云，就当时的财政经济情况和克服困难的办法作了长篇讲话。张素华说：

西楼会议呢，它规模小，是政治局常委扩大会议。陈云把自己的观点亮出来，范围很小，算内部讲话。不像在七千人大会一讲，全国全知道了。这样可能会引起毛主席的难堪。

陈云一上来就直率地毫不含糊地指出：目前的处境是困难的。他认为困难主要表现在五个方面。这五条困难中最重要的，也是跟中央判断不太一致的，或者说比中央判断的要严重的地方，第一个就是在农业减产这方面，陈云认为很严重，恢复起来很难。第二个就是通货膨胀，基建规模大，虽然中央也在讲要压缩基建规模，但是陈云强调得更厉害一些。

讲完存在的困难后，陈云接着又提出克服困难的六条重要措施。一是经济规划分恢复和发展两个阶段；二是减少城市人口；三是制止通货膨胀；四是保证城市人民的最低生活需要；五是把一切可能的力量用于农业增产；六是计划机关的主要注意力应该转移到农业增产和制止通货膨胀方面来。

陈云的讲话在中央领导层内引起很大震动。主持会议的刘少奇说：

中央工作会议（即七千人大会）对困难情况透底不够，有问题不愿揭，怕说漆黑一团！还它个本来面目，怕什么？

在刘少奇的建议下，国务院召开全体会议，请陈云再展开讲一讲，统一大家认识，并征求意见。陈云接受了这个意见，并建议国务院会议扩大到各部委党组成员参加。陈云的讲话进一步丰富了他在西楼会议上的意见，激起了强烈的反应。几十年后，一些与会者对当时的情景仍记忆犹新。

原轻工业部部长杨波回忆说：

讲话的当中，到会的部长、部委成员不断地鼓掌，热烈地鼓掌。陈云同志讲得出汗了，把毛衣直接脱了，脱了毛衣接着讲。讲的可以说是实实在在，分析的非常具体。

中央书记处原书记邓力群说：

那几年，人人谈困难，会会说困难。听到陈云同志讲困难，大家的心里踏实了，托底了。

西楼会议后，中央决定恢复中央财经小组，统管经济工作，由陈云任组长。从此，陈云在经济工作上又开始处于一种主导的位置了。

“不以成败论英雄”

在参加完中央财经小组第一次会议后，陈云因病南下疗养。一贯重视农业和粮食问题的陈云心里盘算着怎样解救缺粮的农民，怎样加快恢复农业生产力。

这时，安徽、河南、广西、湖南、浙江等省部分农村地区相继出现不同形式的包产到户。经过调查研究的陈云非常赞同这种做法，他说：这是非常时期的非常办法，要依靠广大农民，尽快恢复生产。

为此，他还两次找时任国务院财贸办公室副主任的姚依林到杭州谈农业生产问题，进一步提出了自己的看法：包产到户还不彻底，与其包产到户不如提分田到户。用重新分田的办法，可以刺激农民的生产积极性，以便恢复农业的产量。姚依林担心地说：这个问题，毛主席怕不会接受。陈云说：毛主席是实事求是的，我去讲！——先搞分田到户，这更彻底一点。集体化以后再搞！

姚依林的担心是有道理的。这时候的毛泽东也在关注这个问题。1962年五六月间，毛泽东的秘书田家英到上海，向毛泽东汇报在湖南韶山、大坪、炭子冲调查的情况，谈到农民和农村干部提出的包产到户或分田到户的要求。毛泽东对田家英说：我们是要走群众路线的，但有的时候，也不能完全听群众的，比如要搞包产到户就不能听。

对这样一个有关全局的大事，究竟是提出来还是不提，确实是个大难题。陈云本着负责的态度，决定尽快回京先同中央政治局常委商量，然后再向毛泽东直接陈述。然而由这个问题导致的一场新的政治风暴即将来临。

时任陈云秘书周太和回忆说：

在路上我就问陈云同志，我说现在的形势不利于谈这个问题，是不是你再郑重考虑。他说你怕什么呢，我要做这个推进的工作，我要对党负责对人民负责。现在自己有了办法了，有了路子了，就应当抓住这个时机来做啊。

6月下旬，陈云回到北京。他就分田到户以调动农民积极性解决农业困难，先后同刘少奇、邓小平、周恩来等交换看法并得到支持。

7月2日，邓小平在中央书记处会议上说：恢复农业，群众中相当多的提出分田，陈云同志作了调查，讲了些道理，意见提出是好的。现在是，所有形式中，农业是单干搞得好，不管是黄猫黑猫，在过渡时期，哪一种方法有利于恢复就用哪一种方法。

1961年1月，陈云同毛泽东交谈

7月6日，陈云致信毛泽东，信中说：对于农业恢复问题的办法，我想了一些意见，希望与你谈一次，估计一小时够了。毛泽东接信后，当天约陈云谈了一个多小时。

于若木说："回来之后我就问他，我说毛主席同意你的意见吗？他说毛主席没表态，没说话，我考虑，没表态就是不同意。"

周太和说："毛主席当时没表态，第二天发脾气了。"

毛泽东认为"分田单干"是瓦解农村集体经济，解散人民公社，是中国式的修正主义，是走哪一条道路的问题。几天后，中共中央下发了《关于不要在报纸上宣传"包产到户"等问题的通知》。由于毛泽东的决断，中央对“包产到户”采取了否定的态度。

此时的陈云正面临一场新的政治风暴，他依旧平静地对待，沉默无语，只对夫人轻轻地说了一句“不以成败论英雄”。

从这以后，陈云实际上停止了中央财经小组组长的工作，他虽然仍是中共中央副主席，但却一直养病闲居，没有参与中央的最高层决策和活动。从那时候一拖，就拖到了“文化大革命”，九大后仅仅保留了一个中央委员的头衔，什么工作都没有了。

逆境中的陈云仍然积极地关注现实，关注党和国家的大事，并且抓紧学习。“文革”中，他的中央文件停发了，甚至新华社编印的《参考资料》《参考消息》也停发了。陈云就自费订阅《参考消息》。

在江西的两年零七个月里，除到化工厂“蹲点”和到附近工厂农村调查研究外，陈云把其余的时间全部放在了阅读上。

小女儿陈伟兰回忆说：

我到江西去看他，我就感觉到他那个精神是非常振作。我说，爸你身体好了？他说一股精神力量撑着我，他说你看我带了三箱子书。我在这儿，觉得过的非常的有意思，我读书，而且我思考着很多我觉得非常有用的问题。

评弹人生

1959年，陈云心脏病复发，不得不停止工作。医生建议陈云静心休养，闲时可以培养一个兴趣爱好，转移一下注意力。已经年过五十的陈云选择了从头开始学习琵琶。其实，任何一门乐器都可以达到同样的效果，可陈云为什么偏偏选择了难度较高，有着“弹拨乐器之王”之称的琵琶呢？这就要从陈云与评弹的不了情说起。

从“戳壁书”到“老听客”

评弹，是苏州评话和弹词的总称，起源于宋代，是一门古老而优美的传统说唱艺术。它发源苏州，盛行于山明水秀的江南地区。出生在上海青浦练塘镇的陈云，自幼就受到了极大的熏陶。

今天，踏着青石板路，走在青浦下塘街的小桥流水间，依然能听见清脆的琵琶和婉转的吴语声。循声而去，就能寻到陈云幼年常常听书的书场——长春园。

1979 年 2 月陈云在家中听评弹

陈云的舅舅廖文光喜爱听评弹，年幼的陈云便经常跟着舅舅去听书。他曾回忆说：我十岁前就听书，在我们家乡，先是跟我舅舅去听，听上瘾了，有时候大人不去，就一个人自己去听。

浙江省曲艺家协会名誉主席施振眉依然记得第一次和陈云谈话时的情景：他问我，你是搞评弹的，你听过“阴立”吗？我以为是《大明英烈传》，简称就是《英烈传》。我就说我听过。他说，你二十出头就听过？“阴立”你以为是《大明英烈传》啊？

陈云的这一问让施振眉一头雾水，陈云便笑着跟他解释了一番。原来在陈云小的时候，想要进书场听书，要用三个铜板买一个筹，才能在书场里有个座位。但也有很多像陈云一样买不起筹的客人，书场就允许这些人可以站在书场的后面，站在那些光线比较暗的角落里，靠着墙壁听书。所以行话当中叫“阴立”，也叫“戤壁书”。

从少年时代“戤壁书”开始，评弹就给陈云留下了许多美好的回忆。后来，投身革命的陈云，因戎马倥偬几乎搁置了这一爱好。直至 50 年代，到杭州病休的陈云才又有了重听评弹的机会。他在杭州、上海、苏州等地，利用公余和疗养时间，听了大量的评弹书目。半年时间，就听了蒋月泉、朱慧珍、杨斌奎、朱介生、薛筱卿、徐丽仙、吴子安、曹汉昌等名家的三十多部书目。很多老演员发现陈云听的书又多又广，而且每回书他都要听上很多遍，因此，亲切地称他为“老听客”。

在杭州时，到大华书场听书成为了他最大的乐趣之一。当时大华书场的评弹节目是白天一场，晚上一场，每场大约一个半小时。陈云每个星期都会到书场听两到三次书。

陈云听书常常以一个普通听众的身份亲自前往书场。警卫人员担心他的安全，他说：“我不像毛主席、周总理、少奇、朱德同志那样，容易被群众注意和围观。我们进书场不宜过早，也不能太晚。”

每次到这里听书，这位“老听客”都有自己的一套规矩：第一条就是陈云乘坐的汽车不能停在书场门口，防止阻碍别的群众进场；第二条，负责警卫工作的工作人员只留下一个人，其他人可以分散，不要跟他在一起；第三条在时间上，既不能早到，也不能迟到。尤其对于第三条，陈云对自己有着严格的规定。据原陈云身边的卫士长牟信之回忆，陈云如果说是七点半，那一定是七点半准时进场。因为去早了，担心演员紧张。去晚了，又脱离群众。但是卡准钟点也不是很简单的事情。如果陈云下了车，发现时间还没到，稍微早了一些，陈云就会嘱咐大家慢点走，自己也放慢脚步，以保证准点进场。

陈云记忆力好，每次听书回来，他都能原原本本地讲给别人听。他说："从书中，我学到不少生动的历史知识，也受到了真、善、美的熏陶。"

也正是在这个时候，陈云开始学起了评弹的伴奏乐器之一——琵琶。

虽然身体欠佳，但陈云学起琵琶来却毫不含糊，他特意自费请了上海人民评弹团的周云瑞和朱介生当老师，轮流教他弹奏琵琶。

周云瑞按照惯常的学习规律，让陈云先练习 300 小时的轮指。陈云为此特意订做了一面镜子，并且将简谱反写在琵琶上，以便找准指位。据陈云的子女们回忆，那时经常看见父亲一个人坐在镜子前，练习弹奏琵琶，十分专注认真。

经过一段时间的练习，陈云还专门写信给吴宗锡介绍了自己的学习情况："按照去年 11 月 20 日我离上海前与他商量的学习时间分配，集中 300 小时练习滚音，现在勉强每分钟可以滚 600 次了。不过'夹弹'练得很少，没有进步。5 月到杭、苏时，拟请他来教'夹弹'的练习方法。"

在学习琵琶的过程中，陈云也对评弹表演有了进一步的了解。他在一次观看浙江省曲艺团的汇报演出后说："评弹的乐器要改革，但改得过头了就不合理。现在你们的琵琶，都改用钢丝弦了。音太响，太刺耳。我在考虑一个问题，就是怎样延长演员的演出年限，也就是延长演员的艺术生命。"

“戏曲都有学校，为什么我们评弹没有学校呢？”

演员，作为评弹作品在舞台上的最终呈现者，在评弹表演中的作用是不可替代的。

同其他有着悠久历史的曲艺门类一样，早期的评弹是靠师徒关系一代代传承下来的。旧时如果想要从事评弹行业必须要拜师，拜师学艺的过程既有优点，也有局限。跟随某一个艺人学艺，能学习到的全部知识和技艺都是来自于同一个老师，这往往会导致演员训练上的局限性。

1960 年，陈云在与评弹界人士谈话时指出，培养下一代，训练方法应以集中为主，分散为辅，政治学习、文化学习，都要集中进行。当时，建评弹学校的想法，已经在他脑中萌生。他在与苏州原文化局局长周良的谈话中说到：

要把培训学生的事情作为党的文艺事业的一个重要部分，戏曲都有学校，为什么我们评弹没有学校呢？

1961 年夏天，陈云在苏州休养。在一次与评弹界的座谈中，陈云正式向与会人员建议，苏州、江苏和上海可以联合办一个评弹学校。

在陈云的建议下，上海市评弹团、江苏省曲艺团和苏州市相关人员组成了学校的领导小组，开始着手苏州评弹学校的筹建工作。1961 年，苏州评弹学校正式创立。

自 1961 年建校以来，苏州评弹学校的发展就一直牵动着陈云的心弦。1977 年，“文化大革命”结束后，陈云曾不止一次地提出要看师生的汇报演出。

据周良回忆，1986 年，他带了苏州评弹学校的十来个学生和一些老师到杭州西子宾馆专门向陈云做了一次汇报演出。演完以后，周良请陈云给学生们打一个分数。陈云说 80 分，并嘱咐青年学生们，应该用功打好基础，一定要好好学习。第二年，学生们又带着新节目来到了杭州，再次为陈云汇报演出。演出开始后，陈云始终目不转睛地观看着学生们的每一个动作神态，

1986 年 3 月，陈云在杭州会见苏州评弹学校师生代表

有时还会和着音调用手势打着节拍。台上学生们表演的评弹折子，尽管陈云已经很熟悉，但还是聚精会神地听着。听到“放噱头”处，他便大笑起来。演出结束后，周良问陈云今年成绩怎么样？陈云哈哈一笑，对身边的同事们说演得不错，演得不错，应该有 85 分！

今天，活跃在江浙沪三地的各大评弹团的演员，大约有95％都是从苏州评弹学校走出来的。这所由陈云一手支持创立的学校为苏州评弹这门传统曲艺的传承延续着希望与未来。

除了重视培养新人，陈云对评弹老艺人也十分重视。著名评弹演员徐丽仙曾因患病到北京治疗，陈云同志还亲自去招待所探望，并详细询问了她的病情和治疗情况，鼓励徐丽仙勇斗病魔。一次，陈云在演出中得知评弹演员王鹰刚刚新婚，特意嘱咐宾馆为王鹰准备了新房，祝贺她新婚之喜。因此，很多评弹演员都对陈云充满感情，亲切地称他“老首长”。

“对新书，有三分好就要鼓掌”

作为党和国家的重要领导人之一，在欣赏评弹艺术时，陈云始终都没有把自己仅仅定位在“老听客”的角色里。结合评弹的特点，陈云也对这门艺术进行了深入的研究。他曾在一次谈话中提及：要研究评弹的历史。对抗日战争前后这一段评弹的历史也要研究。不研究这段历史，就不能了解评弹发展的全过程。一年多来，我听了 1700 多回书，听过的书都作了笔记，包括每回书的时间、内容梗概、特点和问题等。

1959年11月下旬，陈云与上海市文化局、上海市人民评弹团负责同志作了一次重要谈话，对评弹工作中几个重要问题进行了深入细致的分析，并提出了切实有效的解决问题的方法。其中一个重要问题就是关于评弹新书和老书的问题。陈云把评弹演出的书目大体分为三类：一类书，即传统书，也称老书。这是经过长期流传，经过历代艺人加工，逐步提高的。在这类书目里，精华和糟粕并存，有的毒素较多，有的少些。另一方面，评弹的传统说表艺术比较丰富。二类书，这是解放初期部分艺人发起“斩尾巴”（注：即停演传统书）以后产生的。这类书目大抵是根据古典小说和当代流行的传统戏曲改编的，一般讲，反动、迷信、黄色的毒素较少。但是，评弹的传统说表艺术也运用得较少。三类书，指现代题材的新书。这是解放后新编的。这类书目，思想性一般比较强，但艺术上比较粗糙。对待这三类书，陈云同志提出：第一，对二类书可慢一步去整理。第二，对待现代题材的新书，要采取积极支持的态度。第三，传统书目毒素多，但精华也不少。如果不整理，精华部分也就不会被广大听众特别是新一代接受。传统书目很多，要就力之所及，采取积极的态度，逐步地搞，过急了不好。这是一个涉及许多人吃饭的问题，必须慎重。

诞生于清代的《珍珠塔》就属于陈云所说的传统书，被誉为评弹不能改的“骨子书”，说的是明代家道中落的秀才方卿追求功名、获得爱情的曲折故事。这部老书情节生动，唱词优美，最多时，曾有近百档演员弹唱此书，有人称为“唱不坍的《珍珠塔》。”

陈云曾经对评弹传统曲目有一个幽默概括：“私定终身后花园，落难公子中状元，奉旨完婚大团圆。”传统书目中过于类型化的故事情节，往往阻碍了评弹的创新与发展。

1960 年 3 月 1 日，陈云在杭州与评弹演员薛筱卿的谈话中了解《珍珠塔》的演出情况。陈云指出：

《珍珠塔》宣扬封建道德的地方很多，需要改，但不要去掉其中的功名思想。当时的读书人就是为了做官，读书做官也不是容易的事，三百个进士才出一个状元。《珍珠塔》已经说唱一百多年了，定型了，要慢慢地改。

同年 12 月 7 日，陈云在上海与李太成、吴宗锡等人的谈话中，正式提出了长篇弹词《珍珠塔》的整理问题。他指出：弹词《珍珠塔》在群众中影响很大，远远超过戏曲，应该进行整理。这是一个重要的任务。陈云语重心长地说：“全国解放已经十年了，如果再过十年，还是老样的《珍珠塔》，我们是不光彩的。”对此，他也提出了整理方法：既要尊重演员，又要尊重观众，“大家动手，各人唱各人的《珍珠塔》，百家争鸣。要边改边演。到大城市、小城市去演，听取各阶层人士的意见。各种改法，都要经过试验”。

1961 年 2 月 12 日，在听了朱雪玲、卞迎芳演唱的修改后的《珍珠塔》后，陈云特意给吴宗锡写了一封信：“我仍然希望你们反复钻研一下《珍珠塔》的整理工作，不要因为我和周扬同志说了这些意见，使整理工作受影响。”

最终，在陈云的建议下修改后的《珍珠塔》，也收获了观众的认可。

陈云曾说过："对老书，有七分好才鼓掌，对新书，有三分好就要鼓掌。"对于描写时代、新社会、新事物的新书，陈云十分支持。

上海评弹团演员王惠凤就曾多次为陈云表演新书《真情假意》。直到今天，她依旧记得陈云当年看演出时候的神情：我演出的时候看见老首长坐在下面听得很认真，每一个小动作，老首长都会睁大眼睛来看。

《真情假意》，由上海评弹作家徐檬丹创作于上个世纪80年代，讲的是一对孪生姐妹在恋爱、婚姻问题上的不同选择，讽刺了以金钱、私利为标准的恋爱观。这本中篇弹词问世之时正值我国改革开放初期，一大批年轻人正意气风发地寻找自己的人生方向。和《真情假意》里的主人公一样，在事业和家庭生活上他们或多或少会遇到一些艰难的抉择，所以这部具有社会现实意义的作品在当时引起了巨大的反响和共鸣。

在听了二十多遍《真情假意》后，陈云赞扬说：

作品抓住了现在社会风气中的问题，有时代气息，符合适应青年、提高青年的要求，能起好作用。

因为感觉《真情假意》既能够在艺术上受到观众喜欢，又反映了新时代的新内容，因此，陈云格外重视这部新书的推广。他两次给中央人民广播电台文艺部写信和谈话，就《真情假意》

的改编问题提出意见和建议。1986 年 6 月 11 日他又写信给邓力群同志，说：

上海评弹团徐檬丹同志写的《真情假意》，是评弹中的一个好的中篇，是适合青年、提高青年的作品，有切合现实的时代气息，对广大青年有教育意义。可否考虑在此基础上改编为话剧？改编时本意不变，但艺术处理应该适应各种剧种的特点。

经陈云同志的提倡，这一作品后来被改编成为话剧《真情假意》、广播剧《真与假》《真情假意》、歌剧《芳草心》等。

1982 年 10 月 10 日，《光明日报》刊登了陈云谈根据《真情假意》改编的广播剧《真与假》的报道。邓小平从报纸上看到这则消息以后，特意跟陈云提出，他也想听听《真情假意》。陈云同志请秘书为邓小平准备了《真情假意》的磁带。因为担心邓小平听不懂苏州话所演唱的评弹，陈云又嘱咐秘书请中央人民广播电台特意录制了一盘广播剧《真与假》，一并送给了邓小平。

除了《真情假意》，陈云对将小说改编为评弹新书的做法也十分支持。在听了新书《青春之歌》后，陈云与文化部、上海评弹团的同志谈话，指出：

改编加工是件不容易的工作，需要时间。我曾经要求过用三年工夫改好一部书，现在看来，还要“追加预算”，每年只求改好一两回，改十年就差不多了。不要怕失败，不要怕犯错误。能打胜仗的将军，一定是打过败仗的。

在听了青年演员赵开生、石文磊的演唱后，他在肯定了他们成绩的同时，又提出了一些意见。陈云在写给吴宗锡、何占春的信中说到：

《青春之歌》这个中篇是好的，但有两点必须纠正，因为不合事实。一是第一回表白说“这一元只能买两个大饼”。抗战前虽然物价也在微涨，但币值基本上是稳定的，那时一元钱其购买力约等于目前人民币的二元五角或三元。二是第二回说的“三·一八惨案”的历史，不合事实。

陈云一方面强调要尊重史实，提出“凡说有关革命历史的新书，不可不参考一下《中国革命史讲义》”，一方面也希望评弹创作尊重艺术规律，在创作中注意“传统书中‘逢凶化吉，遇难呈祥’是有它一定道理的，因为这正合乎历史事实和人民要求”。后来，他还特意请了中国曲协主席陶钝向赵开生等介绍了北京的公寓和四合院等《青春之歌》中的生活实景，并专门安排赵开生等演员到北京拜访了《青春之歌》的作者杨沫，实地考察了北京大学等剧中提及的场景。

“要以正派的艺术，打掉艺术上的歪风邪气”

随着研究的深入，除了关注培养艺人和整理书目，陈云对评弹事业的发展也提出了更高的要求。

噱，是评弹四种艺术手段之一，噱头产生的轻松幽默，增强了评弹演出的趣味性。但是，噱头、笑料的格调、情趣很重要。为了吸引观众，评弹界曾一度出现了“一噱遮百丑”的错误做法，一些庸俗、低级的噱头遮掩了艺术上的不足。

1981 年 4 月，陈云在与中国曲艺家协会顾问吴宗锡的谈话中首先了解了一下评弹最近状况如何。在得知评弹界部分工作者受到“一切向钱看”等错误思潮的影响，不顾社会效果，演出了一些思想倾向错误和低级庸俗的节目，在社会上产生了不好的影响的情况后，陈云提出应当“出人，出书，走正路”来保证发展评弹艺术，指出：

对于你们来说，出人、出书、走正路，保存和发展评弹艺术，这是第一位的，钱的问题是第二位的。走正路，才能保存和发展评弹艺术。要以正派的艺术，打掉艺术上的歪风邪气。

但同时，陈云也非常注意以辩证的态度对待如何处理“噱头”一事，他在与评弹工作人员的谈话中曾讲到，评弹还是要有噱头，要风趣。陈云特意强调：“群众不是来听你作报告的。人家花两毛钱，买张票来听书是来乐一乐，是来娱乐，不是来听你上课的。即使是我们听报告、上课，也希望是风趣的。”对于如何处理“噱头”，陈云一方面强调其存在的必要性，一方面也指出低贱的、庸俗的、不健康的“噱头”不能乱放，是不提倡的。他在 1984 年的一次谈话中再次指出：“走正路”就是既讲娱乐性，又讲思想性，不搞低级趣味和歪门邪道。

此外，陈云一贯倡导评弹演员重视作品中各类知识的准确

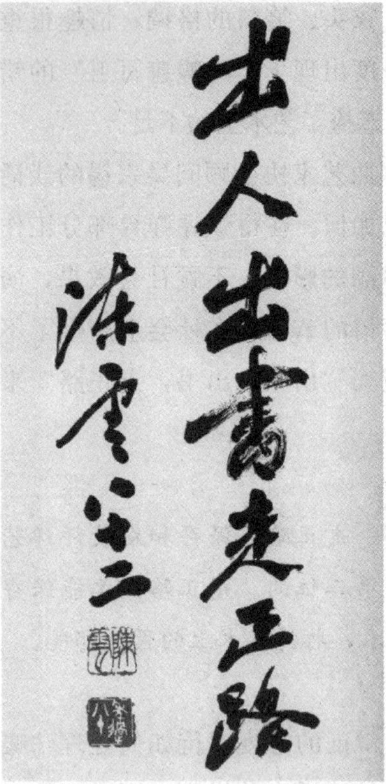

1986 年，陈云为评弹界题词

性。1960 年 3 月，他在杭州听老艺人杨斌奎、杨振雄、杨振言弹唱《描金凤》时，对于从苏州坐船到朱仙镇、开封有没有水路可通，有点疑虑。他专门请中国历史研究所的专家进行考查，考查结果是在隋朝就通过船，明朝仍是通的。他把历史研究所的考查材料打印几份，分送杨斌奎、朱介生、薛彼卿三位老艺人。后来，陈云还特意送给上海市人民评弹团一册《简明中国通史》，一本《中国分省地图》和一部《辞源》，有空的时候，他还会亲自给演员们讲作品的背景。

1977 年 6 月 24 日，陈云特意邀请施振眉、编演《林海雪原》的汪雄飞和他的学生蒋希均来到他的住处。

施振眉等人一到，就发现陈云坐在会议室里，已经做好了准备。会议室的茶几上面放了一本小说《林海雪原》，一只放大镜，还有一册中国的分省地图。陈云一看见大家就笑着说："过去我一直听你们说书，今天我给你们说回书。"

随后，陈云便给施振眉等人讲起了《林海雪原》所描写的时代背景和东北的地理环境。为了让施振眉等人理解东北那时为什么会出现“座山雕”这样的惯匪，他讲述了抗日战争结束后东北的复杂形势，以及当时东北进行的土改、剿匪和解放战争三项任务的关系。讲到地理环境时，他还拿起放大镜指给大家看。因为陈云那个时期恰好在东北工作过，他讲起这段经历来更是生动有趣，大家听得也是津津有味。

可正当讲到兴头上，陈云突然停下了，说到：现在“小落回”，大家先休息休息。原来按照书场的说书习惯，书说到一半时间，中间要休息片刻，俗称“小落回”。陈云如此风趣幽默，在场的人都忍不住大笑。

就这样，为了让施振眉等人说好《林海雪原》这部书，陈云足足讲了两个多小时的历史和地理背景。快结束时，陈云又幽默地说了一句：“好了，今天这回书就说到这里，两角钱门票!”

1994 年 5 月，陈云住进了北京医院，除了一些生活必需品，他还带了几个大箱子，一直放在病房的角落，里面是他收藏了一生的评弹作品，那 700 多盘磁带不仅仅是“老听客”的个人爱好，更是一位研究者对文艺事业倾注的满腔热血。其中有不少曲目十分鲜见，连专业评弹团体都没有收藏，具有极高的史料价值。

从少年时代起，苏州评弹就在陈云的生命中烙下了印记，那不仅是他个人情感的委婉表达，更是他对生活的深刻理解。

住院期间，只要一有空，陈云就会打开录音机，听听评弹。在北京医院二楼的走廊里，时常传出悦耳的弹词音乐，影响着陈云也被陈云影响着的苏州评弹，伴着他静静地走完了最后的人生。

转折年代

1978年11月12日，北京京西宾馆，来自中央和地方的二百余名党政军高级干部们参加在这里召开的中央工作会议。会议前三天，议题是讨论党的工作重点转移问题，然后转入经济问题的讨论。陈云参加了这次会议，并分到了东北组。这位从30年代起就成为中央领导成员、党的八大选出的中央副主席，此时的身份仅是一名普通的中央委员。

图为陈云在党的十一届三中全会前后

同在东北组参加会议的解放军报社社长华楠关注着陈云的一举一动，似乎预感将有什么事情发生一样：

他进来的时候我都看到了，披着大衣，拿着个皮包，而且是走路很轻快，精神焕发，很高兴，就感觉是要讲话的样子了，是要发言了。当天会议的主持人是总参的副总长杨勇同志，我坐在他后面。我说，陈云同志来了，应该叫陈云同志先发言。杨勇说好，你提醒的好，请陈云同志发言。

陈云果然有所准备，他从提包里拿出一份发言提纲，然后用带有上海口音的普通话发言。令许多人预想不到的是，正是他的这个发言在会上掀起了轩然大波，扭转了会议方向，更是推动了历史的转折。

陈云请夫人誊写发言提纲

陈云的这个发言提纲是事先准备好的，他先是在几张旧台历纸的背面打了草稿。为了郑重起见，头天晚上他请夫人于若木誊写清楚。

多年后，于若木仍然清晰地记得当时的情况：

陈云同志出席这个会议之前呢，写了一个发言提纲，让我给他誊清的。因为常常，他的发言稿让我给他誊清，写的字大一点，清楚一点，看起来方便一些，我是经常做这个事情的，他也很信任我。

于若木在誊写的时候，感到的是这个发言提纲的不同寻常：“我在抄写的时候，我觉得这都是一些重大问题。对这些历史的重大问题，在私下里议论还是比较多的，但是拿到桌面上，在一个党的正式会议上，提出这样的意见的，我看只有他这样做。”

陈云在按照这个发言提纲正式发言之前还有一段开场白，讲的是他参加 1977 年中央工作会议的事情。在这个会议上，陈云有个书面发言，提出了两件事，一是要为“天安门事件”平反，二是提议邓小平复出工作。

陈云对这两件事的关注由来已久。早在 1976 年 10 月 16 日，“四人帮”刚一粉碎，在中央一线工作的李先念打电话征询陈云对当前工作的意见。两天后，陈云写给李先念一个便条作为回复，上面除了写有六点比较概括性的意见外，陈云还说到了一件具体的事：

要再查一查今年四月天安门事件的真相；当时绝大多数人是为悼念总理，尤其担心接班人是谁？混在人群中的坏人是极少数；“四人帮”对这件事有没有诡计？

1976 年 4 月 5 日，“文化大革命”的后期，在天安门发生的悼念周恩来、拥护邓小平、声讨“四人帮”的群众抗议运动，被称为“天安门事件”。4 月 7 日，在“四人帮”的干预下，毛泽东和中央政治局对这个事件的性质做出了错误的判断：天安门事件被定性为反革命事件；邓小平被诬陷为这个事件的“总后台”，撤销党内外一切职务。

“四人帮”被粉碎了，如何看待“天安门事件”就成为当时极其敏感但又能反映时局走向的具有代表性的一件事。原中央外宣办主任朱穆之回忆说："粉碎'四人帮'以后呢，大家觉得就应该马上停止'批邓'，大家都提的非常尖锐了，可是当时中央有些领导人不同意，还是按照中央5号文件，继续'批邓'。"

虽然"天安门事件"在党内外是有广泛议论的，但因为对这个事件的定性是毛泽东同意的，因此这又是极其敏感的话题。当时的中央领导层中，叶剑英、李先念等也多次提出恢复邓小平工作的问题，但迟迟不见动静。

1977年中央工作会议，陈云的发言突破禁区

1977年春，中央要召开工作会议，这是"文革"后中共中央召开的第一次工作会议，讨论揭批"四人帮"和当年的工作安排问题。陈云高度重视并准备在会上作书面发言。向来深思熟虑、反复比较后才提出看法和意见的他事先约耿飚、王震等老同志进行了一次商谈，议题正是"天安门事件"和邓小平恢复工作。

陈云后来回忆说：

这个稿子我曾经跟秀才商量了一下。秀才就是胡乔木同志。还征求了一些同志的意见，在耿飚同志家里谈了一下，五个人：耿飚、王胡子（指王震）、我、萧劲光、王诤。本来到王诤家里头，他说，他家里头不好，到耿飚家里头，五个人。我说，把这个稿子看一看。耿飚说，稿子就要写到这样才好。

1977年7月31日，陈云在庆祝中国人民解放军建军50周年招待会上。前排右起：陈云、赛福鼎·艾则孜、王震

但他提出的这两个议题显然是不合时宜的。1977年2月7日，“两个凡是”的社论发表：“凡是毛主席作出的决策，我们都坚决维护；凡是毛主席的指示，我们都始终不渝地遵循。”而陈云所要提出的这两件事都是毛泽东定的，按照“两个凡是”，这两件事就不能改变。在会前的小组会上，中央中央主席华国锋也打了招呼，要求大家在发言中不要触及这两个问题。因此，这两个问题是“禁区”。

但决心已定的陈云不顾高压，率先在会上提出对“天安门事件”的看法，并进一步明确提出恢复邓小平职务，他说：

邓小平同志与“天安门事件”是无关的。为了中国革命和中国共产党的需要，听说中央有些同志提出让邓小平同志重新参加党中央的领导工作，是完全正确、完全必要的，我完全拥护。

连用了三个“完全”，在一向出言慎重的陈云的话语里面，非常罕见。

由于陈云提出的这两件事明显“违禁”，会议简报组要求删掉有关内容才能发表，遭到陈云拒绝。时任胡乔木秘书的朱佳木说：“当时简报组希望把那个发言能改一改，搞一个摘要。陈云同志就问他们为什么要改？他们说要和华国锋主席的口径一致。陈云同志说，你们要改的话，我就不登了。因为把两个最重要的问题，一改就改掉了，那还有什么意义呢？”

结果陈云的整篇发言没有登简报。但他的发言还是传开了，产生了不小的影响。这促使华国锋在会议临近结束时表了态，他一方面表示，清明节，人民群众到天安门广场悼念周总理是可以理解的，要在适当的时机让邓小平出来工作，但同时仍坚持说“天安门事件”的性质是反革命事件，仍然肯定1976年“批邓、反击右倾翻案风”是正确的。这无疑是一个前后矛盾、明显不符合实事求是思想路线的提法。

直接当事人邓小平明确表态：“我出不出来没有关系，但‘天安门事件’是革命行动；‘两个凡是’不行，按照‘两个凡是’，就说不通为我平反的问题；我们必须准确地完整地理解毛泽东思想。”

人民日报社原社长邵华泽这样解读：“‘准确’‘完整’呢，

就是邓小平后来所讲的，毛泽东思想是个体系。那这个意思非常清楚，不是说哪一句话，哪一个指示，都必须执行，也就是说，不是说‘凡是’怎么样就必须怎么样。”

陈云和邓小平，这两位老革命家的观点是高度一致的。在这种情况下，一场“两个凡是”与“实事求是”的思想斗争，在党内外就不可避免地发生了。

1977年9月9日，是毛泽东逝世一周年纪念日。许多老同志纷纷发表讲话或撰写纪念文章。28日，陈云在《人民日报》头版发表了《坚持实事求是的革命作风》的文章。文章针对“两个凡是”的错误方针，明确地把“实事求是”提到根本思想路线的高度：

实事求是，这不是一个普通的作风问题，这是马克思主义唯物主义的根本思想路线问题。报刊上有些文章还是不懂得区别马列主义、毛泽东思想的字句和实质，还不是满腔热情去完整地准确地宣传毛泽东思想的实质，用它作为具体分析具体问题的指南。

陈云的这篇文章是应当时的宣传口和新华社约请而写的。文章写出后，有人专门同十一大的报告一句一句地对照，说要改成一致。陈云说：“既然每一句都要讲得一样，你们还约我写文章干什么？”

陈云所表达的基本思想，同邓小平提出的“我们必须世世代代地用准确的完整的毛泽东思想来指导我们全党、全军和全国人民”这一正确的主张相呼应，为不久后兴起的真理标准问题大讨论定下了基调。这场争论的核心，实质就是思想路线问题，究竟是坚持马克思主义思想路线，还是用别的路线来代替，不仅仅是理论上正本清源的过程，实际上是两条道路的选择问题，是继续按照“两个凡是”，走“文革”的老路，还是开辟一条新路。

1978 年中央工作会议，陈云的发言使会议转向

历史走到了一个新的转折关头，随着国家各方面工作有了一些新的起色，广大干部和群众急切地期待走出一条新的社会主义发展道路。但这条道路应该是怎样的、应该怎么走，开始时并不清楚，人们的认识也很不一致。

1978 年 9 月，在东北视察的邓小平发表一系列谈话：

思想僵化，就不可能实现四个现代化；一切从实际出发，我们的事业才有希望；我们太穷了，太落后了，老实说对不起人民；我们现在必须发展生产力，改善人民生活条件。

邓小平的东北谈话为拨乱反正的深入展开做了进一步的思想发动，并率先提出党的工作重心向经济建设转移的问题。

11 月 10 日，为十一届三中全会做准备的中央工作会议开幕。会议的原定议题是讨论农业和未来两年国民经济计划的安排。会议开始时，邓小平因出国访问而没有参加。但是根据他

的提议，与会者先用两三天的时间，讨论从 1979 年起，把全党工作重点转移到社会主义现代化建设上来的问题。

但同时还存在另外一个问题，就是你要创造一个安定团结的环境，真正搞社会主义现代化，很自然就牵涉到对“文化大革命”中的所作所为要有一个正确的评价。特别要解放一大批在“文化大革命”中受到错误处理甚至打击迫害的我们的同志，我们的朋友，我们的老百姓，要给予一个正确的评价。如果在思想上、政治上还搞过去的一套，就不可能真正地转到经济建设上来。

而此时陈云的注意力转到了影响实现工作重点转移的主要障碍上，那就是“文革”甚至“文革”前发生的一些重大历史事件和历史上遗留的一些重大问题没有解决，特别是他一直关注的“天安门事件”，时间已经过去两年，仍然没有得到解决。而捂住盖子、影响这些问题解决的，无疑是“两个凡是”的思想路线和坚持这个路线的人。这也正是邓小平“到处点火”的原因。

在陈云看来，到了要揭开盖子的时候了。1978 年 11 月 12 日，京西宾馆，中央工作会议，东北组讨论会场，陈云的正式发言开始了。

时任中央组织宣传组联络员的袁木回忆说：

他发这个言呢，第一他表示完全拥护党中央战略转移的这个决定。第二呢，他认为由于过去历史上存在相当多的冤假错案，大大地挫伤了人们的积极性，影响了安定团结，这个问题如果不解决，人们就很难完全放下包袱。

接着，陈云十分尖锐地提出了六个问题，分别是：薄一波等 61 人出反省院是党组织和中央决定的，不是叛徒；对于那些在“文化大革命”中被错误定为叛徒的同志应给以复查，应该恢复他们的党籍；陶铸、王鹤寿等在南京陆军监狱出狱前还坚持绝食斗争，中央专案组审查干部的不正常状态应该结束；彭德怀对党贡献很大，他的骨灰应该放到八宝山革命公墓；“天安门事件”是一次伟大的群众运动，中央应该肯定；康生错误严重，中央应该给以应有的批评。

陈云的发言再次突破原先设定的会议议程，在参加会议的人看来，这出乎意料但似乎又在意料之中。

参加会议的朱穆之说：

那个时候，不可能意识到哪一位同志会提出这个问题，不过知道，陈云同志对这方面是有意见，不只是他有意见，许多许多的人都有意见。但是，谁来敢提这个问题，尽管讨论实践是检验真理标准等等，要正面地直接地提出这个问题，有许多人还是有顾虑的。

另一位当事人袁木说：

陈云同志这个发言，一讲以后，大家在会上奔走相告，欢呼雀跃，都认为他真是了不起，只有他敢这么说，只有他能说，能把这样的事情提出来。

与 1977 年春的那次会议发言不同的是，陈云的这次发言当天全文印发会议简报。发言产生的影响很快扩散到整个京西宾馆。

原因是什么？原因在于当初发动“文化大革命”的根据是一大批走资派、反革命分子，混入了从中央到我们各级党的领导机关里头去了，资产阶级，走资本主义道路的，已经在中央成立司令部了。既然陈云提出这些人不是反革命，不是走资派，那你“文化大革命”还有什么根据，就站不住脚了。

实际上，从陈云这天的发言开始，各组的发言始终围绕着陈云提出的那些话题展开，涉及的范围也越来越广泛。

华楠回忆说：

前两天是一个按部就班。可以说，像通常开会一样，准备个发言稿，讲话也分散，特别按部就班，没有什么互相插话，没有什么互相启发。陈云同志讲话，马上会议的风气改变了，这真是起了一个关键的先导的作用。

朱穆之说：

陈云提出这几个案件，不过是有代表性的，比较突出的，其他的还有啊！譬如说“二月逆流”的问题，陈毅的问题，贺龙的问题，多了。那么下面的，各省市的问题，更多了，每个人差不多有一肚子怨气。当时许多人，都是希望改变的，这个突破口可以说是陈云弄出来的，这个炸弹给炸开了。

陈云在东北组的发言为中央政治局重视和采纳。11 月 14 日，经中央批准，中共北京市委宣布：1976 年清明节，人民群众到天安门广场悼念周总理，声讨“四人帮”，完全是革命行动。陈云一直关注的这一问题最终得到了彻底解决。

11 月 25 日，华国锋在中央工作会议第三次全体会议上讲话，宣布中央政治局的决定，为重大历史遗留问题平反：

一、“天安门事件”完全是革命的群众运动，应该为“天安门事件”公开彻底平反。

二、实践证明，“反击右倾翻案风”是完全错误的。中央 1975 年和 1976 年发的有关文件全部予以撤销。错误的责任由中央承担。

三、所谓“二月逆流”完全是林彪一伙颠倒是非，蓄意诬陷。为所有受到冤屈的同志恢复名誉，为所有受牵连和处分的同志平反，有关文件和材料都应作废。

四、为薄一波同志等六十一人案平反。现已查明这是一起重大错案，薄一波同志等在反省院的表现是好的，他们履行敌人规定的手续出狱是执行党组织的指示。

五、彭德怀同志对党和人民作出过重大贡献。怀疑他里通外国是没有根据的，应予否定。

六、陶铸同志对党对人民是有贡献的。把他定为叛徒是不对的，应予平反。

七、过去把杨尚昆同志定为阴谋反党、里通外国是不对的，应予平反，恢复组织生活，分配工作。

而这些问题的解决使中央工作会议的讨论深入一个新的阶段，“两个凡是”的论调再也无法立足。到了会议末期，中央宣传口的几位负责人不同程度地做了检讨。至此，实事求是的思想路线取得了决定性的胜利。

与邓小平一起推动了伟大的历史转折

“天安门事件”等冤假错案的平反，从思想路线层面展开的对“两个凡是”方针的彻底批判，使得社会上出现了一个新的动向。那就是对“文化大革命”的错误，及其“文化大革命”以前的一些错误，大家都提出了，进行了反思，提出了批评，进行了思考。那么这个时候就连带出来许多很重要的问题，比如说怎么样看待新中国成立以来我们党的领导，党的工作的主流是什么，怎么样看待我们这个错误与成绩的关系。所以说就在人们的思想上，造成了很多的混乱。

这个问题引起了邓小平的注意，此时他已结束了对东南亚三国的访问回到了北京。他在不同场合多次发表谈话，充分肯定和支持陈云的意见，同时提出解决历史遗留问题为的是向前看，不能破坏安定团结的局面，要引导群众向前看，不要搞什么新运动。

对邓小平的意见，陈云深以为是。他在参加后面的讨论时说：不要搞运动，只要中央开个口，做出明确的结论就可以了。要维护安定团结，争取实现四个现代化是全党全国人民的迫切愿望，也是我党、我国目前的大局，我们必须维护这个大局。

这次中央工作会议，从11月10日开始，到12月13日闭幕，开了一个多月的时间。在闭幕会上，邓小平根据中央工作会议突破性的新发展和当前需要解决的新问题，作了题为《解放思想，实事求是，团结一致向前看》的重要讲话。

原浙江省委第一书记铁瑛回忆说：

陈云同志的六条，当时这六条起了很关键的作用。最后小平同志，他有一次讲话，讲路线问题，解放思想、实事求是，团结起来向前看。这个我们私下也非常同意，要赶快把以阶级斗争为纲转过来，要抓经济工作，要扭住不放。所以当时他们两位一讲，陈云同志一讲、小平同志这样一讲，气都顺了，大家非常高兴。

资深研究专家程中原说：

综观历史转折时期的进程，显而易见，陈云和邓小平的配合合作对伟大历史转折起到了决定作用。同时，他们发挥的作用又各有侧重。邓小平善于洞察情势的变化，抓住机遇，分析新情况，提出新任务，在政治路线的转变方面发挥了决定性作用。陈云则在组织路线的转变方面发挥了决定性作用，他抓住了邓小平复出和重大历史问题的解决特别是“天安门事件”平反这两个影响全局的关键问题，在两次中央工作会议上带头作了突破性的发言，有力地推动了全党工作重点的转移。

在随后召开的党的十一届三中全会上，众望所归的陈云当选为中央政治局委员、政治局常委、中央副主席和中央纪委第一书记，成为以邓小平同志为核心的党的第二代中央领导集体的重要成员。

1978年12月18日至22日，陈云（中）出席中共十一届三中全会。右为邓小平，左为王震

老骥伏枥，志在千里。当选后的陈云说：

我认为，三中全会和在此以前的中央工作会议，开得很成功。大家在马列主义、毛泽东思想的基础上，解放思想，畅所欲言，充分恢复和发扬了党内民主和党的实事求是、群众路线、批评和自我批评的优良作风，认真讨论党内存在的一些问题，增强了团结。现在，三中全会选举我为中央纪律检查委员会第一书记，政治局委员、常委，中央委员会副主席，我感谢工作会议和中央全会同志们对我的信任。但是，我的身体情况是很差的。我将尽我的力量来工作。

邓小平和陈云，这两位当年被毛泽东称为“少壮派”的党的第一代中央领导集体的重要成员，在新的历史时期，又在通力合作开拓新的局面。

时任陈云秘书的许永跃深有感触地说：

让我感到印象深刻，或者我至今都难以忘掉的一条，就是：从改革开放之初，一直到后来多少年中，在小平同志为核心的第二代中央领导集体的党中央，小平同志和陈云同志两位老人家，在我们国家改革开放的整个过程中，两位老人相互支持，相互配合。我认为两位老人家是配合得非常默契，在一系列重大问题上，认识一致，看法一致。

战友情深

1979年3月14日，陈云和李先念联名给中央写信，信的内容不长，但对改革开放初期过热的国民经济大胆提出了“综合平衡”“循序进行”的建议。李先念时任国务院副总理，主持国务院日常工作，抓经济工作自然是当仁不让，而陈云在十一届三中全会后分管中纪委和公安、检察院、法院、民政等中央政法部门，并不负责经济工作。陈云和李先念为什么要写这封联名信呢？两位伟人之间又是怎样的一种关系呢？

李先念常对部下说：“我一生有两个老师，一个是徐帅，教会我打仗，一个是陈云同志，教我管经济。”

“我和先念同志相识，是在一九三七年四月”

1936年10月，中国工农红军一、二、四方面军在甘肃会宁会师，标志着二万五千里长征取得了伟大胜利。10月25日，红四方面军30军、9军、5军和红四方面军总部奉中央命令西渡黄河，执行宁夏战役计划。宁夏战役计划的目的就是要派红军的主力西渡黄河，打通国际交通线，争取苏联对我们的军事援助，从而在西北形成抗日的根据地，推动全民族抗战的局面。后因战局急剧变化，两万余名过河部队根据中央军委命令，组成西路军军政委员会，陈昌浩为主席，徐向前为副主席。

西路军将士面对数十倍的敌人，英勇顽强，浴血奋战，谱写了中国革命战争史上最为艰险、惨烈、悲壮的一幕。但终因力量悬殊，弹尽粮绝，至 1937 年 3 月中旬，西路军几近全军覆灭。

西路军兵败祁连山下后，余部失散，只有李先念、李卓然等率领的西路军左支队极其艰难地进至渺无人烟的甘新交界一带。

左支队在没有做任何的军事准备和物质准备的情况下，进入了祁连山深处，经过 43 天，逐步摆脱了马步芳的围追堵截。可以说，左支队在祁连山的境遇比红军爬雪山过草地还要艰苦。当时的 3 月份是祁连山最寒冷的时候，平均海拔都在四千米左右。只有中国共产党领导的军队，才能创造这样的奇迹。

这时，中共驻共产国际代表团命令在莫斯科工作的陈云、滕代远来到新疆，准备接应西路军左支队余部。

4 月 23 日，陈云、滕代远等抵达迪化（今乌鲁木齐），就任中共首任驻新疆代表。此后，陈云利用当时新疆军阀盛世才标榜进步并与苏联关系密切这一有利条件，积极开展工作。

4 月 25 日，陈云、滕代远等率盛世才派出的装甲车队从迪化直奔星星峡。

此时，经过 47 个日夜的艰苦行军，战胜饥饿、严寒、病伤、追敌、暴风雪，穿越戈壁滩，李先念等率领的西路军左支队余下的400多人也到达星星峡，等候救援。

左支队四百多人到达星星峡，这是西路军唯一的一支整建制的部队，也是红军长征走得最远的一支部队，也是中国共产党的军队第一次到星星峡，进入新疆。

5月1日，陈云等抵达星星峡。李先念率领西路军左支队经过长时期艰难作战，九死一生，见到陈云和滕代远等来迎接他们，都禁不住流下了热泪。这是陈云和李先念的第一次相见。李先念握着陈云的手，二人都激动不已。这一次握手，也成了他们友谊的起点。

陈云在《悼念李先念同志》一文中回忆说：

> 我和先念同志相识，是在1937年4月。那时他率领西路军余部四百多人，浴血奋战，历尽艰辛，到达甘肃、新疆交界的星星峡，我以中央代表名义从苏联回到迪化（今乌鲁木齐），然后去星星峡接应他们。这在当时极为困难的条件下，为党和红军保存了一部分力量，尤其是保存了一批干部。

陈云同李先念、李卓然等领导干部们谈话，指出西路军将士们经过艰苦卓越的斗争，经过艰难万险，把队伍带到这来，很不容易，大家都是优秀的共产党员，对他们进行了鼓励。

陈云还向李先念、李卓然等介绍了国际国内形势和党中央的路线、方针，要求大家充满信心，带好队伍，准备迎接新的战斗任务。

西路军干部黄火青后来回忆说：党中央的关心对我们是很大的鼓舞。陈云同志在五一劳动节大会上的讲话，大家听了更是兴高采烈，使我们这些从祁连山荒原辟野中历尽艰辛长途跋涉出来的红军战士，精神上得到极大慰藉。

陈云非常体贴西路军广大指战员此时的境遇，指示：有什么话，有什么事，以后慢慢再讲，你们先给我执行两个任务：第一要吃好饭，第二要睡好觉。

5 月 4 日，陈云率领西路军左支队乘车向迪化进发。在陈云的争取之下，西路军左支队得到了很好的安置。

陈云了解到新疆有航空队，有苏联派来的顾问，有战斗机、训练机、坦克、大炮等，他很快给中央提出建议："新兵营"在新疆学习特种技术。后人评价说，陈云在新疆为我们党培养了一批特种军，这说明他有远见，并不是满足于我们小米加步枪，他还有很超前的眼光。

陈云和李先念住的都是单间，靠的很近，经常交谈，加深了相互之间的了解和友谊。对于陈云高深的马列主义理论修养，卓越的组织领导能力，李先念打内心里钦佩，把陈云当做自己的师长和学习榜样。

赵天元回忆说："在 20 世纪 80 年代的时候，陈云给李先念题过一张条幅，就是李白的《从军行》。'百战沙场碎铁衣，城南已合数重围。突营射杀呼延将，独领残兵千骑归。'写完之后陈云给赵天元说，这幅字送给先念同志最合适了。在西路军的时候，那真是独领残兵千骑归啊！"

1937 年 11 月，陈云奉中央指示去延安。陈云和李先念相

1937 年 5 月，李先念率西路军左支队在中共中央代表陈云、滕代远的接应下到达迪化（今乌鲁木齐）。7 月，改编为西路军总支队（对外称“新兵营”），进行政治和军事技术培训。图为“新兵营”的部分战士

处了虽然仅仅半年多的时间，却建立了深厚的友谊。半个多世纪后，为纪念西路军进疆这一伟大壮举，哈密修建了西路军纪念园。此时，李先念已经去世，纪念园的工作人员想请陈云题词。

西路军纪念园的工作人员回忆说：当时不免也有些担心，陈云一方面一向慎于笔墨，很少题词。再一个考虑到陈云同志年事已高，究竟能不能题这个字还不好预料。大概是在中南海逗留了四天左右，秘书电话打过来，开玩笑说你们的运气非常好，当时听说哈密修建这个纪念碑，老人家几乎是不到半个小

时挥笔题写了“红军西路军进疆纪念碑”几个大字，这也是老人家对西路军指战员有深厚的感情，也凝聚了他对烈士们的无限怀念。

“我经济上的老师是陈云”

新中国成立之初，陈云在中央主持全国财政经济工作，任国务院副总理兼中央财政经济委员会主任等职。国民党遗留下来的是一个满目疮痍的烂摊子。通货膨胀，生产凋敝，市场萧条，灾民遍地，人民生活十分困难。人民政府担负着继续支援革命战争、消灭敌人残部、供给六百多万军政人员薪给以及运粮救灾等重大任务，财政支出浩大，财政工作繁忙，人手不够。中央指示，陈云可以请一个干部做助手。陈云毫不犹豫地就跟周恩来和毛主席说，我要李先念。

陈云向毛泽东、周恩来推荐李先念，是经过慎重考虑的，他的依据是：一、李先念 45 岁，这个年纪，在当时的高级干部中比较年轻；二、他头脑清楚，对许多经济数字，都能印在脑子里而不忘记；三、爱学习，爱钻研；四、李先念在过去各方面工作中都有成绩，有开创精神。解放初期的湖北，跟全国一样，正面临着一个新旧政权的交替，百废待兴，百业待举。李先念一上任时就遇到“黑白之战”。“黑”是指煤炭，“白”指大米和布匹等，一些资本家趁新政权立足未稳，抬高物价，黄金白银价格也暴涨。李先念联系上海等经济实力强的城市，往湖北调集物资，善于用人的李先念也充分发挥一些资本家的作用，在他领导下很快稳住了市场，控制了局面。李先念在湖北期间做得很出色，中南财政特别稳定，没有出现像其他一些城市物价飞涨等情况。陈云在上海与资本家打经济仗时，李先念也在中南各省同资本家打经济仗。陈云对李先念主管湖北省财政经济工作取得的突出成绩十分欣赏。李先念在湖北期间起草的很多文件，都由中央转发全国、向全国推广。这也为李先念日后走上全国政治舞台主管财贸工作打下了基础。

李先念主政湖北，在建立各级人民民主政权、剿匪反霸、土地改革、抗美援朝、团结知识分子和各界人士等一系列工作中取得了显著的成绩，也积累了一些领导经济工作的经验和知识。但管理一个地区的经济情况和统筹全国的经济工作还是有很大区别的，李先念对全国的经济情况不够了解，对分管全国财经工作，心里还是有些不踏实。

1954 年 5 月 15 日，李先念给陈丕显写信说：

我不日去京工作。我这个人你们都是知道的，深感心有余而力不足，理论水平低，文化程度有限，工作难免不犯过错。然而在中央直接领导下，尽可能少犯错误。今后请你们多加帮助，如有意见，必须提出，使我少犯主观毛病。

20 世纪 50 年代初，李先念从湖北调到中央，从领导一个地方的全面工作到领导全国的财贸工作，这无疑是一个新的复杂的任务。到京后，在毛泽东接见他时，他提出：当财政部长，自己没有那个能力和水平，希望中央能考虑别人。毛泽东既严肃又风趣地说："你干不了，不想干，只好把国民党的孔祥熙、宋子文从台湾请回来，让他们干了。"李先念领会到这是既批评又信任的话，表示服从中央的决定。那时他常常谦逊地说："就我个人来说，财政工作经验很少，可以说是个外行。"他虚怀若谷，不耻下问，虚心向内行请教，陈云仍是他的第一人选。李先念也常说，"我在军事上的老师是徐帅，经济上的老师是陈云"。

李先念到北京后，陈云、邓小平受毛泽东委托，找他谈话，向他传达中央决定：李先念任财政部部长和主管财委第二办公室工作，主要负责领导财政、银行、外贸、物价等部门的工作。李先念事先知道这一决定，所以并不觉得突然。

尽管人已经来到北京，但他内心还是感到难以胜任，所以再三诚恳地摆出种种理由，试图说服两位老领导、老战友理解他，请中央另物色人选。陈云、邓小平分别给他讲了形势，反复强调这是中央作出的决定，毛主席同意的，不可能更改，要他一心做好上任的准备。李先念诚心诚意请陈云、邓小平做他的老师，帮助他学习财经知识，做好财经工作。

在陈云、邓小平的鼓励下，李先念接受了中央任命，任国务院副总理兼财政部长，协助周恩来、陈云分管财政工作。

薄一波回忆说："开始，我真有点为他担心。但先念同志却以他的聪明才智，很快交出合格答卷。为了党和人民的需要，他勤思苦学，努力向其他同志学习。他经常向陈云同志请教，也时常和我交换意见。在很短时间里，就适应了工作环境，很快进入角色。"

1954 年 5 月，李先念离开湖北前往北京，就任中央财政经济委员会副主任兼财政部长。9 月任国务院副总理兼财政部长。图为 10 月国务院第一次全体会议与会人员合影。前排左起：章伯钧、李富春、邓子恢、陈云、周恩来、何香凝、彭德怀、贺龙、邓小平、乌兰夫、李先念

在五年计划前三年财政经济大好的形势下，1956 年出现了头脑发热、急于求成的倾向，表现为“三管齐下”，即基本建设规模、职工工资总额和农业贷款三方面同时增长过快，造成财政出现赤字、信贷出现差额，使这一年在取得重大成就的同时，出现了若干问题。周恩来和陈云及时发现这一问题，提出在反对保守主义的同时，又要反对急躁冒进的倾向，要求国民经济计划实行“保证重点，适当收缩”的方针。财政部长李先念完全赞同和支持这一方针。

李先念在 1957 年 6 月全国人大会议上所作的国家预算的报告中，从财政金融的角度总结了经验，阐述了财政、信贷、物

资统一平衡的途径，并提出国家计划和预算的安排，除了注意当年的平衡之外，还要瞻前顾后，注意年度之间的衔接，避免过大的起伏。由于发现问题及时，并立即采取对策，问题容易解决，使 1957 年成为新中国成立以来经济效果最好的年份之一。

正是由于李先念的谦虚谨慎、兢兢业业，经过不断的学习和实践，他很快地由外行变为内行。李先念前后担任国务院副总理和财政部长长达二十多年，协助周恩来、陈云，对中国社会主义经济基础的确立、发展，作出了杰出的贡献，成为一位卓越的经济工作领导者。毛泽东曾称赞陈云、李富春、薄一波、李先念为中国经济工作的“四大名旦”。

陈元回忆说：“整个财贸工作都是先念同志主持。这段时间，我父亲跟先念同志工作关系非常密切。后来有一段时间，我父亲其他的具体工作没有了，他说我就是给先念同志做个顾问，到财贸办公室去帮助提点建议，出点主意。实际上，他是通过财贸工作了解和把握着中国经济发展的脉络和方向。先念同志在中央和经济工作中发挥了很重要的作用，包括“文化大革命”当中，先念同志一直没有被打倒，继续主持工作。这个时期，先念同志和我父亲也是有机会见面，就说一说，先念同志对他也很尊重，他对先念同志的工作也很支持。”

陈云后来说：

1954 年先念同志从湖北调到中央，参与领导全国财经工作。他是将军管理经济，但他能很快精通当时的经济工作，这是十分难得的。

1954 年 6 月 19 日，陈云同李先念交谈

联名给中央写信

1976 年，中央粉碎“四人帮”后，陈云还没有完全恢复领导职务。10 月 16 日，主持国务院日常工作的李先念打电话征询陈云对中央各项工作的意见。陈云在电话里谈了他所考虑的一些问题后，两天后写成书面材料，并同王震、姚依林商量后送给李先念。在书面材料送出前，陈云给李先念还写了一张纸条，以示郑重。

李先念对陈云的意见非常重视，他看过后立即让秘书抄送华国锋一份，供中央决策时参考。他还不止一次地向中央建议，让陈云早日进中央政治局，参加领导工作。

1978 年底召开的十一届三中全会，陈云被增选为中央政治局委员、政治局常务委员、中央委员会副主席，恢复了在中央的领导职务，和李先念一道，成为第二代中央领导集体的重要成员。

陈云被增选为中央政治局常委后，李先念提出，他的名字应当放在陈云之后。当时，李先念已经是常委，而且在粉碎“四人帮”问题上发挥过重要作用，因此，陈云坚持把自己的名字放在了他后面。

李先念对陈云也是非常尊敬，据赵天元回忆：“我发现先念同志，就是每开一个会的时候，开小会的时候，尤其是在陈云同志家开会的时候，往往都先到，都要提前一段时间先到。这个到了之后呢，两位老人家往往先寒暄几句，问一问关心一下健康状况，聊一聊，等到别人来了开会。”

1979 年，经济建设成为党和国家工作的重心，一方面，国民经济得到较快的恢复和发展，另一方面，国民经济重大比例长期严重失调的问题也日益暴露出来并产生了严重的后果。

按照中央的工作安排，十一届三中全会后，陈云分管纪检、政法部门，并不分管经济。但陈云仍以一名财经战线上老战士的敏锐力、责任感密切关注着经济大局的发展动向，对这些关系国计民生的问题有着清醒的认识。主持国务院日常工作的李先念，随着对经济状况的深入了解和研究，也越来越明显地感觉到进行经济调整的必要性。

早在 1978 年 7 月国务院召开务虚会研究经济建设问题时，陈云和李先念就表达了对国民经济发展中问题的担忧。

那时，陈云并未担任经济方面的领导职务，但由于他过去是长期领导全国经济工作的领导人，他的意见仍是十分重要的。而李先念那时正是中共中央副主席、全国经济的领导人。李先念感到，开这样的务虚会，光是听赞同的意见还不行，还要听听反面的意见。但对这一点，李先念感觉没有把握，就去请教陈云。陈云明确向李先念提出："国务院务虚会最好用几天时间，专门听听反面的意见，务虚会也不必匆忙结束，可以多开几天，听听反对的意见。可能有些人有不同意见。出国考察的人回来吹风，上面也往下吹风，要引进多少亿，要加快速度，无非一个是借款要多，一个是提出别的国家 8 年、10 年能上

1979 年 3 月，李先念与陈云联名写信给中共中央，就调整国民经济提出重要建议。图为李先念与陈云在一起

去，我们可不可以再快一点。有些同志不大好讲话，务虚会上很少有人提出反对意见。”

陈云的这番话，实际上正是李先念所要说的，二人又一次想到了一起。李先念按照陈云的这一意见，决定国务院务虚会多开几天，专门听反对的意见。

1979 年元旦，陈云在李先念报请中央常委审阅的《1979、1980 两年经济计划的安排》信上批示：

不要留缺口，宁可降低指标，宁可减建某些项目。

李先念完全同意陈云的意见，两人的想法不谋而合。然而，在召集国务院有关部委开会研究修改两年计划和进行经济调整时，还是遇到了困难。众人意见还是存在较大分歧。有的同志主张快速前进，另一些同志则主张稳步前进，在保持平衡的前提下发展。

为统一对调整经济的认识，加强对经济工作的领导，1979 年 3 月上旬，陈云同李先念多次商谈，考虑调整国民经济和成立财政经济委员会的问题。李先念请陈云出来主管经济工作。

3 月 14 日，陈云、李先念两人在多次商讨后，联名致信党中央，郑重提出调整国民经济的主张，并建议在国务院下设财政经济委员会，作为研究制订财经工作的方针政策和决定财经工作中的大事的决策机关。

信中提出了财政经济委员会组成的 12 人名单，以陈云为主任，李先念为副主任。而建议陈云当主任的，正是“先念，小平”。3月17日，华国锋批示：印发政治局同志。

陈云、李先念的信在中央高层产生了很大的影响，中央决定开会讨论陈云、李先念的意见。3月21日至23日，中央政治局召开会议，讨论修改后的1979年计划和国民经济调整问题。李先念、陈云先后在会上发言，再次强调了他们的共同观点。

中央政治局会议同意了陈云和李先念的意见。3月25日，陈云主持召开财经委员会第一次会议，开始了实际的工作。陈云、李先念两人紧密配合，协力同心，促进了国民经济的调整。

从1979年到1982年，社会总产值平均每年增长7.7%，市场繁荣，物价稳定，人民生活有所改善。这就创造了比较宽松的经济环境，为进一步的改革开放和国民经济的顺利发展提供了良好条件。

“他们俩一生的交往，也是传奇的性质”

这张照于1986年10月31日的照片，是邓小平、陈云、李先念为数不多的合影。这张照片背后有着怎样的故事呢？

秘书许永跃和警卫赵天元回忆说：“那是1986年10月30号，10月29号是叶剑英元帅的追悼会，在追悼会上小平同志、陈云同志、先念同志三个人约好了要见一个面。到了30号，小平同志和先念同志先后来到了陈云同志家里面。陈云同志走路步履不是很方便的，但是那天还是专门走到门口迎候小平同志，迎候先念同志，三位老人家在他的办公室商量、研究，打算在

1986 年 10 月 30 日，陈云同邓小平、李先念在一起

新的一次代表大会上，他们都要从当时的领导岗位上退下来。”

“文革”结束后，一大批被打倒的老干部恢复了职务，回到了工作岗位。他们争分夺秒，力图通过努力工作，把此前损失的十年光阴补回来。但毕竟年事已高，他们不能完全承担日益繁重的领导工作，干部存在断层问题。在参加完叶剑英的追悼会后，三位老人感到有必要就干部年轻化问题做一次深谈。

赵天元还清晰地记得当时的场景：“最后我把房间门给关上，关上之后还没走出去，还没走到值班室呢，值班室那个电铃响了，就是要叫人。我就赶快转回头进去，等我打开门进去的时候，发现先念同志已经站起来了，正往门口走呢，他们三位老人都冲着我喊，烟，要烟。”

三位老人中只有邓小平有抽烟的习惯，但邓小平并不嗜烟，三位老人都着急向警卫员要香烟，一定是有重大的事情要谈。

许永跃是这张照片的拍摄者，他回忆说：“我拿着相机把当时三位老人家在一起谈话这个场面给记录下来，我认为那一次谈话是非常有意义的一次。从照片上可以看到，小平同志要起来还没有起来，先念起来了，还是弯着身子听他们两个在说话。那个场面，说话很投机，而且三个人的目光都投向一个目标的情况下，我把这个记录下来了。我多少年来一直认为这张照片拍得非常有意义，也经常向一些同事和我的家人看我拍的这张照片。”

中共十三大后，陈云卸下了中共中央委员、中央政治局委员、常委和中央纪律检查委员会第一书记的重担，与邓小平、李先念一起退出了中央工作的第一线，实现了“半退”。

晚年的陈云和老友李先念一起继续关心着党和国家的建设事业，关心着中国的改革开放事业。陈云后来说：

先念同志和我虽然都没有到过特区，但我们一直很注意特区建设，认为特区要办，必须不断总结经验，力求使特区办好。

在经济特区创办伊始，李先念就表示大力支持。1984 年，李先念特意为蛇口工业区题字：“希望之窗”。

陈云对特区也以自己的方式表示支持，许永跃回忆说：“1992 年，小平同志到南方视察，对改革开放提出了一些新的指示、意见之后，陈云同志也是完全支持的，态度是非常明确的。1992 年的 3 月底、4 月初，陈云同志决定要我到珠江三角洲进行为期 25 天的详细调查研究。调查研究回来之后我向陈云同志汇报了广东改革开放发展的情况，他听的时候非常高兴。”

在晚年，陈云和李先念经常在一起谈心。两个人总有说不完的话题。可以说，他们晚年时，在感情上有了相互依赖的关系。

1986 年 5 月，陈云在上海视察宝钢时，听说李先念身体不太好。等陈云回北京以后，李先念已经在北京医院住院了。陈云一直惦记着老战友的健康状况，提出来要到医院去看望李先念。许永跃就给李先念汇报了。过了几天，李先念主动到陈云驻地来，一见面就说：“听说你要到医院去看我，我没事儿了，还是我来看你吧。”

1992 年上半年，李先念生病了，这使陈云心情颇为沉重。陈云当时也已经生病，基本不能走路了，但他十分关心李先念的病情，多次派身边工作人员去看望李先念。5 月 21 日，陈云从上海休养回到北京后，住在北京医院的李先念病情危重。陈云立刻派身边工作人员前去看望。6 月 21 日，李先念不幸逝世，陈云十分悲痛。邓小平希望陈云写一篇悼念文章，陈云立即应允。长子陈元回忆说：

先念同志去世以后，他非常难过，亲自写了篇文章，字斟句酌，来纪念先念同志。这是他一生当中，最为知己的几个同志之一。先念同志去世，父亲也是非常感慨，先念同志比他年轻几岁，他们俩一生的交往，也是传奇的性质。

这篇文章是在李先念逝世一个月后发表的。在信中，陈云深情地回忆了他和李先念的相识，回顾了他们在星星峡结成的友谊。这是陈云生前写的最后一篇文章。

有错必纠

1979 年 2 月 5 日，时任国家地质总局局长的孙大光，提笔给党中央写了一封信。在信中，他要求中央重新复查在“文化大革命”中被迫害致死的前国家主席刘少奇的问题。中央秘书长胡耀邦、副秘书长姚依林商议后，转报华国锋、叶剑英、邓小平、李先念、陈云、汪东兴等六位中央政治局常委批阅。

2 月 23 日，陈云在这封信上作出重要批示：“中央常委各同志已传阅完毕，中央办公厅应正式通知中组部、中纪委合作查清刘少奇一案。”

平反冤假错案中最沉重的一页就这样掀开了。

“刘少奇案复查要搞扎实， 让后世人没话可说”

位于张自忠路 7 号的这座建筑，两百多年前曾是乾隆皇帝的女儿和敬公主的府邸。后来在“文革”中，这里成了“文革”专案组的驻地。

着手平反冤假错案，时任中央纪委第一书记的陈云的第一步是从撤销“文革”期间的专案组开始的。早在十一届三中全会之前，陈云就提出：专案组所管的属于党内部分的问题应移交给中央组织部，由中央组织部复查，把问题放到当时的历史情况中去考察，做出实事求是的结论。像现在这样，既有中央组织部又有专案组，这种不正常的状态应该结束。

党的十一届三中全会郑重决定：过去那种脱离党和群众的监督，设立专案机构审查干部的方式，弊病极大，必须永远废止。

1979 年 1 月起，中央纪委从全国各地抽调了一大批高素质的干部，协同中组部全面开展冤假错案的复查平反工作。大战在即，中央纪委副书记王鹤寿来到了陈云家里，请示关于平反冤假错案的指导思想。陈云对王鹤寿说：“我还是那三句话，九个字，就是‘不唯上，不唯书，只唯实’。因为这次平反冤假错案的工作，政治上影响很大。不能因为中央讲了话，有了十一届三中全会的文件，有了‘书’，我们好像就可以很轻松地进行工作。我们需要的是对这件意义重大的事情进行大量的、深入的、实事求是的调查研究工作。”

平反冤假错案，是新成立的中央纪律检查委员会一项十分繁重的工作，仅 1979 年上半年，中央纪委就查处或批转了十几万封党员和群众来信。

那段时间，平反成了街头巷尾人们谈论最多的话题。其中，许多人的目光都聚焦在了共和国前主席刘少奇案件的处理上。

在突如其来的“文化大革命”风暴中，刘少奇受到错误批判，被扣上“叛徒”、“内奸”、“工贼”三项罪名，开除党籍。

1969 年 11 月 12 日，刘少奇在开封含冤去世。11 月 13 日午夜，刘少奇的遗体被谎称为烈性传染病患者的尸体，运往开封火葬场秘密火化。在专案组人员登记的“火葬申请单”上，“死者姓名”为“刘卫黄”。

受到刘少奇一案的波及，刘少奇夫人王光美被诬陷为“特务”。1967 年 9 月被正式逮捕，随后她在秦城监狱被关押了近十二年。

刘少奇与王光美

1978 年年底，在邓小平、陈云等关心下，王光美结束了监狱生活。不久，她带着儿子刘源、女儿刘平平来到陈云家里表示感谢。

刘少奇之子刘源至今仍清晰地记得那时见到陈云的情景。据刘源回忆，那天母亲带着他们去陈云家主要是为了向陈云表示感谢，并没有想提及刘少奇一案。王光美告诉刘源，当时的政治环境还不到时候，因此不要为难中央的领导。特别陈云刚刚新任中纪委书记，所以不想提及这件事以免给陈云增加不必要的负担。

王光美没有想到，一见面陈云就提出了刘少奇的平反问题。

陈云对王光美说：“刘少奇同志的案子不仅是他一个人的。‘三顶帽子’的事儿在党内早有结论，不仅不是罪过，而且是功绩。”陈云向王光美和刘源保证说：“这件事情不是你一家的事情，而是全党的事情，这事我们要负责到底的。”

陈云一番诚恳的话语使得王光美和刘源激动不已，眼泪几乎夺眶而出。说完这些话，陈云走到自己的办公桌前，从抽屉里掏出了一叠信件，说：“这些年你们吃了不少苦，我也知道。这些年你们给我写了很多的信，我一封都没有丢，都放在我这个抽屉里。”陈云一边抚摸着信件一边说：“这些年我有时候处境也不一定好，我也不管用。但是你们的事我都关心着，这些信我全都留着。”

对于复查刘少奇一案，陈云的态度是积极而坚定的。十一届三中全会后，陈云便在一次谈话中说：“开八届十二中全会的时候，当时我已靠边站。讨论开除刘少奇的问题，特别要我去开会，在会上才看到材料。”他知道，1968 年 10 月召开的中共八届十二中全会是在极不正常的情况下召开的。尤其是，江青、康生、谢富治等采取了逼供信和伪造证据等恶劣手段操纵专案组。需要提交全会讨论的《关于叛徒、内奸、工贼刘少奇罪行的审查报告》，直到八届十二中全会开始后一个星期，才在“中央文革”碰头会上通过定稿。

陈云在谈话中曾提及：刘少奇专案组的材料上说，1929 年刘少奇在沈阳担任满洲省委书记时曾被捕，导致党组织遭到破坏，刘少奇还供出了一些人。但在陈云看来“没有那么回事，不是事实”，“当时释放条件很宽，找个保就可以放出来”。陈云证实，刘少奇出狱后，还曾经向中央作过报告，说明党组织并没有被破坏。专案材料中说，之所以说刘少奇在东北叛变，主要是根据满洲省委组织部部长、同刘少奇一起被捕的孟用潜的口供定的。但是，陈云指出，三中全会以后，孟用潜已从班房里放出来，孟用潜证实这些证明材料中“下面的签名是他的笔迹，但上面的内容不是他写的，是别人搞的。这是专案组假造出来的”。陈云还指出：“刘少奇是党的副主席、国家主席，掌握党政军大量机密。如果他真的是内奸，要出卖是很容易的，但没有材料能够说明这一点。”

刘少奇一案的复查平反是一项错综复杂的工作。不仅投入的工作量很大，还需要巨大的政治勇气。陈云在其中起到了关键的推动作用。正是根据陈云在1979年2月23日的批示，3月27日，中央纪委办公会议研究决定：“刘少奇的问题经鹤寿同志与任穷同志商量，按陈云同志意见，由中央组织部和中央纪委共同处理。”

4月，刘少奇案件复查组成立。

5月22日，中央纪委办公会议确定：“对刘少奇案件的有关材料（包括档案和活的材料）应进一步查证核实。弄清关键问题，究竟是不是叛徒、内奸、工贼，在复查、核实的基础上，要取得切实可靠的材料。”

刘源记得，陈云在与他和王光美的谈话中就曾着重强调，在复查刘少奇一案时一定要认真调查，仔细核实，“不能像‘四人帮’整我们一样，我们要把这个事情一件件都搞扎实了，都让它证据齐全，让后世人看后没话可说”。

陈云的指示精神也传达到了由中央纪委、中组部、外贸部、中央党校和军队系统的八位工作人员组成的复查组。针对八届十二中全会提出的刘少奇的各项“罪状”，复查组奔赴全国各地调查取证，对刘少奇的“罪状”逐条进行了周密的调查研究。10个月后，在经过反复核对各种材料后，复查组完成了刘少奇案件复查情况报告，呈报中纪委。报告中，复查组用可靠的事实逐条否定了强加给刘少奇的罪名。

据时任中纪委办公厅副主任的凌华倩回忆，陈云在阅读复查报告时非常仔细，每一条都要对照着过去“四人帮”时的审查小组所提供的资料。陈云对凌华倩说：“我们是不是在每一件事情上，每一件、每一桩都尽量能够用无可辩驳的力量来驳倒了它？能够把颠倒的东西，都颠倒了过来，能够经得起历史的考验？”

最终，中共中央政治局一致同意了刘少奇案件复查组提交的复查报告，并据此作出了关于为刘少奇同志平反的决议草案。

1980年2月29日，中共十一届五中全会经过认真讨论，一致通过这个决议，决定撤销中共八届十二中全会通过的审查报告和错误决议，恢复刘少奇作为伟大的马克思主义者和无产阶级革命家、党和国家的重要领导人的名誉；因刘少奇问题受株连造成的冤假错案，由有关部门予以平反。

在当天的中央人民广播电台节目中，人们终于听见了期盼已久的消息：“中央人民广播电台，现在是新闻和报纸摘要节目。现在播送《中国共产党第十一次全国代表大会第五次全体会议公报》。前中共中央副主席、中华人民共和国主席、伟大的马克思主义者和无产阶级革命家刘少奇同志，几十年来一贯忠于党和人民，把毕生精力献给了无产阶级革命事业。”

陈云在刘少奇追悼会上向王光美表示慰问

5 月 17 日，党和国家在人民大会堂为刘少奇举行了隆重的追悼大会。追悼会前一天，休假的陈云还专程从杭州赶了回来，参加了刘少奇同志的追悼会。刘源清晰地记得，当天，一向喜怒不形于色的陈云流下了眼泪。

中共十一届五中全会发表的公报中有这样一段话：“为刘少奇同志平反，不仅是为了刘少奇同志个人，而且是为了使党和人民永远记取这个沉痛的教训，用一切努力来维护、巩固、完善社会主义民主和社会主义法制，使类似刘少奇同志和其他许多党内外同志的冤案永远不致重演，使我们的党和国家永不变色。”

“我希望有生之年能看到潘汉年问题得到解决”

1979 年 10 月，就在刘少奇一案复查工作最紧张的时候，陈云由于过度劳累，住进了北京医院。经检查，陈云被诊断为结肠癌，必须尽快作手术。主治大夫吴蔚然把病情和治疗方案报告了陈云。

陈云听了以后，没有说话。思考了半天后，陈云先是询问了关于病情的具体情况，包括如何治疗，有没有其他治疗办法等等。最后陈云问了吴蔚然一个问题：能不能有三年的时间？

陈云并没有解释为何要争取三年时间，只是在上手术台前，紧紧地抓住了党中央副秘书长姚依林的手，一字一句地说到：虽然这次是开小刀，但人老了要防万一，我希望有生之年能看到潘汉年问题得到解决。

潘汉年，是中国共产党隐蔽战线上的一位传奇人物。他曾经担任中央特科的负责人，在上世纪 30 年代大上海的险恶环境下保卫中共中央；抗日战争中，他一度周旋于日、伪、顽之间，领导地下党多次获取重要战略情报；解放战争时期，他参与组

1938 年，陈云同潘汉年等在延安

织大批民主人士从港英当局和国民党特务机构鼻子底下秘密北上解放区，参加新政治协商会议。

1955年4月，在一次中央会议时，潘汉年主动向党交代自己在抗日战争期间曾被挟持至南京会见汪精卫一事。结果，他由此被怀疑为“内奸”而遭到逮捕，并由政法机关审理。1963年，最高人民法院作出终审判决，认定潘汉年是“长期暗藏在中国共产党和国家机关内部的内奸分子”，判处有期徒刑15年，剥夺政治权利终身。

“文化大革命”期间，潘汉年被开除党籍，改为无期徒刑。后被下放到湖南劳动改造。1977年4月在湖南含冤去世。

对把潘汉年定为“内奸”，多年来一直有人表示怀疑，尤其是过去曾同潘汉年一起工作过的同志。陈云的夫人于若木就常听陈云说，给潘汉年平反，只有他最有资格，因为他跟潘汉年共事过。他说：“潘汉年如果真的叛变了，上海党的组织他统统知道，为什么没有被捕，还能保持下来?”至于1935年，国民党政府派驻苏联大使馆武官邓文仪，与中共驻共产国际代表团联系，提出国共两党恢复合作的问题，中共代表团决定派潘汉年回国找陈果夫、陈立夫商谈这件事，陈云回忆道：在莫斯科的时候，潘汉年和邓文仪联系，“是王明、康生和我三个人决定的”。潘汉年回国的时候，“康生亲自刻了一个图章，叫中华苏维埃中央政府，搞了一个具有代表身份的文件，代表中央苏维埃”。“他同国民党有关系，不成什么问题。”

陈云还认为，潘汉年案件不仅使潘汉年个人长期蒙受冤屈，而且牵连许多过去同他有工作联系的人也长期蒙受冤屈。陈云担任过隐蔽战线工作的领导职务，这一直是陈云的一块心病。陈云说："现在好多同志想来看我，但不敢找我，怕我死了。""白区工作的同志希望我不要死了，人在还不要紧，不在了就麻烦。"

早在中共十一届三中全会后，陈云就曾向中央建议复查潘汉年的案件。由于潘汉年长期活动在隐蔽战线的特殊环境，使得他难以留下工作的书面材料，知道他活动情况的人也非常少，复查难度很大，少数知情人的证明就显得极其宝贵。

陈云首先向刘晓了解情况。刘晓解放前长期在上海负责党的秘密工作，对潘汉年的情况是比较了解的。但刘晓在"文化大革命"中受到残酷迫害，被关押七年零八个月，致使右半身瘫痪，病情时好时坏。这时刘晓正在上海治病，得知陈云要找他，马上从上海赶回北京，在夫人张毅陪同下去见陈云。陈云对他说："你对潘汉年是了解的，我请你和廖承志同志一起，给潘汉年写材料，协助中央解决他的问题。"刘晓没有吭声。陈云理解地说："你写字有困难，你讲，让张毅执笔，一个月后写好交给我。"

随后，陈云又先后向与潘汉年有过接触的廖承志、夏衍、胡立教等了解情况。经过一系列缜密地调查研究后，1979 年 10 月，在结肠癌手术前陈云给当时的党中央秘书长胡耀邦写了一封短信，郑重提出潘汉年一案需要重新审查。

1980 年 12 月 23 日，陈云委托秘书给公安部打电话，要求公安部当天下午就将潘汉年案件的最后定案材料全部送去给他。过了 10 天，陈云又给公安部打电话，请公安部迅速整理出一份有关潘汉年一案处理过程的梗概材料，送往中央纪委。

在此后的很长一段时间里，这批材料一直堆放在陈云的案头。

1981 年 3 月 1 号，陈云致信邓小平、李先念、胡耀邦、赵紫阳：“我收集了一些公安部的材料和与汉年同案人的材料。这些材料，并无潘投敌的材料确证。而且对于刘晓、刘长胜同志等能在上海保存下来反面提供了潘并未投敌出卖组织或某一个同志。我提议中央对潘汉年一案正式予以复查。这件事如中央同意，可交中央纪律检查委员会办理。”

一个月后，中央纪委正式成立潘汉年案件复查组。

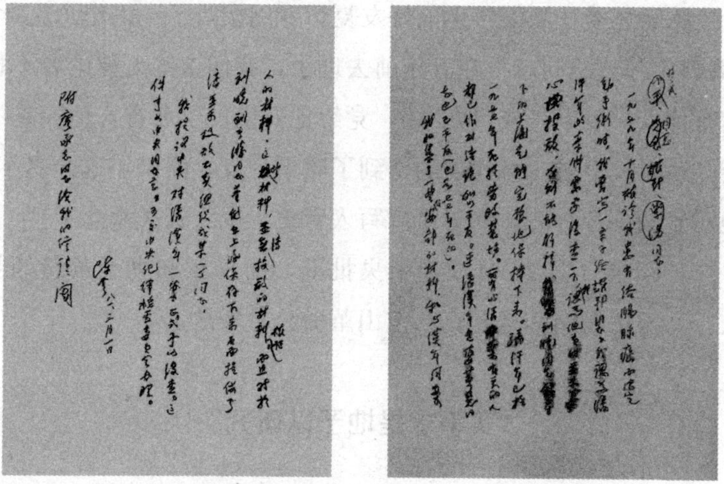

陈云为潘汉年一事写信给邓小平、李先念等的信函

1981年11月，陈云在接见特科工作人员的座谈会上，向时任中央调查部部长的罗青长询问潘汉年案件的情况，并说到："潘汉年的案件，中央纪律检查委员会正在为他平反。我必信他将恢复名誉。"

在一年多的时间里，中央纪委调阅和详细研究了公安部、最高人民检察院、最高人民法院以及原中央专案办公室关于潘案的全部材料，查阅了中央档案馆和中央主管部门相关历史档案，并亲自走访调查，最终做出潘汉年案件的复查报告。陈云在审查复查报告时，仔细看了多遍，逐字逐句进行推敲。

1982年8月23日，中共中央发出《关于为潘汉年同志平反昭雪、恢复名誉的通知》，沉冤近30年的潘汉年终于平反昭雪。

陈云还委托潘汉年生前好友夏衍专门撰写了一篇纪念文章："潘汉年和董慧同志早在五年前去世了，我们这些无神论者不相信有什么'地下'或'九泉'，党给他们恢复了名誉，他们是不会知道了，但是，被株连的得到了昭雪平反，潘汉年这个名字，他对党的一片丹心，终于可以写入青史，令人长久垂念了!"

1983年4月15日，经中央批准，潘汉年和妻子董慧的骨灰，特意由湖南移送北京八宝山革命公墓安放。

"实事求是地予以研究"

除了刘少奇、潘汉年案件，陈云亲自推动平反的案件中还包括瞿秋白一案。

瞿秋白，是中国共产党早期主要领导人之一。1935年2

月，瞿秋白在从中央革命根据地突围途中被捕，6月在福建长汀英勇就义，时年36岁。中共六届七中全会通过的《关于若干历史问题的决议》说：瞿秋白是“当时党内有威信的领导者之一，他在被打击以后仍继续做了许多有益的工作（主要是在文化方面），在一九三五年六月也英勇地牺牲在敌人的屠刀之下”。然而，在“文化大革命”中，江青、康生、陈伯达一伙，以瞿秋白在狱中所写《多余的话》为依据，给瞿秋白强加上“贪生怕死”“投降了敌人”“叛变了党和无产阶级革命事业”等所谓“自首叛变”的罪名。

十一届三中全会以后，与瞿秋白相识多年的陆定一、瞿秋白之女瞿独伊等都致信中央要求复查瞿秋白叛变一事，文化界的黎澍、陈铁健等也在报刊上发表文章要求为瞿秋白恢复名誉。对此，陈云在中央纪委书记办公会议上要求“实事求是地予以研究”。

1979年3月6日，陈云在会见外国朋友时，被问及如何看待瞿秋白的问题，他表明了自己的态度：“许多人提出这个问题。他无非就是写了个《多余的话》，有消极的东西，但临死前他还高喊口号：‘共产主义万岁’‘共产党万岁’。在八七会议上，他是反对陈独秀的。他的‘左’倾错误路线的时间不过半年。中央已交代中央纪律检查委员会研究他的问题。”

经过半年多的认真的调查研究，1980年9月15日，中纪委向中央书记处提交了一份关于瞿秋白被捕问题的复查报告。报告中说：《多余的话》最先刊登在国民党中统特务机关主办的《社会新闻》杂志上。1954年以来，经反复查找，迄今国内外从未发现《多余的话》手稿，它是否为瞿秋白所写和是否经过敌人篡改，历来有人怀疑。报告认为："目前流传的这个《多余的话》，即使是真的，文中一没有出卖党和同志；二没有攻击马克思主义、共产主义；三没有吹捧国民党；四没有向敌人求饶、乞求不死的任何内容。《多余的话》里，虽然也有些消沉的语言，但是，客观地、全面地加以分析，决不能认为是叛变投降的自首书。"报告在最后指出："复查的结果确凿表明：瞿秋白同志被国民党逮捕后，坚持了党的立场，保持了革命节操，显示了视死如归、从容就义的英勇气概。1945 年党的六届七中全会对瞿秋白同志所作的历史评价，是正确的。"

10 月 19 日，中共中央书记处讨论通过了中纪委关于瞿秋白一事复查报告，并批转全党，为瞿秋白彻底平反，恢复了名誉。

"这是在特定历史条件下的政治斗争"

扬善必惩恶。在大规模平反冤假错案的同时，一场特殊的审判也在进行。

1980 年 11月，公安部大礼堂。此时站在被告席上的，都是林彪、江青两个反革命集团的主犯。他们在"文化大革命"期间互相勾结，篡党夺权，制造了大量的冤假错案。

由于林彪、江青两个反革命集团案的特殊性，对于主犯之外的其他有牵连的人员，中央提出了"从缓从宽"的方针。对此，党内和社会上许多人想不通。

为了统一全党的认识，中央纪委第一书记陈云做了大量工作。1981 年 11 月 19 日，在第五次全国“两案”审理工作座谈会期间，他专门写了九百多字的批件，就“两案”审理工作作出重要批示。批示指出：1966 年开始的“文化大革命”是一场内乱。但这是在特定条件下的政治斗争。因此，除了对于若干阴谋野心家必须另行处理以外，对于其他有牵连的人，必须以政治斗争的办法来处理。这种处理办法，既必须看到这场斗争的特定历史条件，更必须看到这场政治斗争应该使我们党今后若干代的所有共产党人，在党内斗争中取得教训，从而对于党内斗争采取正确的办法。这是处理这场政治斗争的前提。

据原中央纪委副书记刘丽英回忆，在传达了陈云的意见后，经过大家的深入讨论和认真学习，最终提高了认识，统一了思想。一致表示，陈云同志德高望重，从党的长远利益考虑，高瞻远瞩，对“两案”采取这样的处理，是正确的。

最终，陈云的批示对“两案”的审理起到了至关重要的作用。在第五次“两案”审理工作座谈会结束后，最后经中央批准给予处分的只有 160 人。

在陈云和其他党中央领导的共同推动下，从 1979 年至 1982 年，经中央批准平反的影响较大的冤假错案有 30 余件，全国共平反纠正了 300 万名干部的冤假错案，47 万多名共产党员得以恢复党藉，数以千万计无辜受牵连的干部群众得到解脱，开始了新生活。党和国家也由此卸下了沉重的历史包袱，迎来了全面开创社会主义现代化建设的新局面。

从严治党

1982年1月5日，陈云在中央纪委报送的《信访简报》上批示："对严重的经济犯罪分子，我主张要严办几个，判刑几个，以至杀几个罪大恶极的，并且登报，否则党风无法整顿"。寥寥数语，严厉异常，是什么事竟让一向冷静的陈云如此震怒呢？

"党的纪律检查委员会的基本任务，就是要维护党规党法，整顿党风"

1978年12月，中共十一届三中全会在北京召开，会上的一项重要决定成为历史转折的有力注脚，这就是恢复成立中央纪律检查委员会。众望所归，陈云当选中央纪委第一书记。对此，中共中央书记处原书记、中央纪委原副书记何勇评价：1978年底召开的党的十一届三中全会，是党和国家历史上一个伟大的新起点，也是党的纪律检查工作的一个伟大的新起点。

重建的中央纪委群英荟萃，选举产生了以陈云为首的100

人组成的中共中央纪律检查委员会，邓颖超任第二书记，胡耀邦任第三书记，黄克诚为常务书记，王鹤寿等为副书记。

中央纪委刚刚恢复，面临的任务却异常艰巨。一方面，党长期以来的优良传统、作风，在十年浩劫中被严重破坏；另一方面，社会主义现代化建设新阶段即将到来，纪检工作面临许多全新的问题。仅半个月，中央纪委收到控诉信、申诉信或建议信就有六千多件，有些信甚至长达几百页。

李楚栋时任中央纪委干部室主任，他描述了当时的情况：

当时中纪委刚刚建立以后，各种各样的问题，大量的问题积累得很多，比如冤假错案。所以向中纪委写信反映情况那真可以说是雪片似地飞来，每天收到的来信都是成麻袋地装。

在纷繁复杂的局面中，党的纪律检查工作究竟应该怎样做起？

1979 年 1 月 4 日至 22 日，中共中央纪律检查委员会召开第一次全体会议，陈云向中央纪委委员们阐述：

党的纪律检查委员会的基本任务，就是要维护党规党法，整顿党风。我们这次会议就是要为实现这个基本任务做必要的准备工作。

廓清前进方向，陈云领导中央纪委启动了第一项重要工作——制定《关于党内政治生活的若干准则》。

刘家栋时任中央纪委研究室主任，他曾经说：《准则》是我们党，除党章以外第一部党规党法。为什么要搞准则呢？就是针对党内政治生活有些不正常的地方。陈云同志直接管这个事情。

时年 74 岁的陈云，为这份文件的制定投入了巨大的精力，非常谨慎认真。2 月 28 日，陈云给当时的中央领导同志写信说：

这个档发下去征求意见……再改。再改之后也只作为中央试行档。试行中如有不妥，还可以再改。

《准则》的起草工作充分发扬了民主作风，以中央文件印发至县团级党委进行讨论，征求意见，收到各地报告 148 份，党员个人来信 50 件，修改意见 1800 条。草案经过中央纪委各位书记多次讨论，12 次易稿。《准则》起草组成员郭仪回忆起当时紧张工作的情景：

制定 12 条准则，搞了几个月。逐条逐句地来修改，办公会议都是讨论，搞到一定时候就拿去讨论，反复修改。

《关于党内政治生活的若干准则》共 12 条：

一、坚持党的政治路线和思想路线

二、坚持集体领导，反对个人专断

三、维护党的集中统一，严格遵守党的纪律

四、坚持党性，根绝派性

五、要讲真话，言行一致

六、发扬党内民主，正确对待不同意见

七、保障党员的权利不受侵犯

八、选举要充分体现选举人的意志

九、同错误倾向和坏人坏事作斗争

十、正确对待犯错误的同志

十一、接受党和群众的监督，不准搞特权

十二、努力学习，做到又红又专

30多年后的今天，我们翻开《关于党内政治生活的若干准则》的12条原文，会发现这份文件当时有极强的针对性，而且对于今天的很多情况依然适用。比如，其中的第五条是：要讲真话，言行一致。起草组成员郭仪谈到制定这一条的考虑：

必须写一条言行一致，特别是党的干部，领导干部，必须要言行一致。台上讲得多漂亮，台下你讲那一套谁信你的呀？你干什么的你是？根本就不是言行一致，所以做到言行一致。到现在也是，做到言行一致是不容易的，别看那文字简单，不容易。

《准则》从宏观的党性原则，到细致的行为准则，规定了共产党员的规范。其中第11条“接受党和群众的监督，不准搞特权”明文规定：“党内决不容许有不受党纪国法约束或凌驾于党组织之上的特殊党员。决不允许共产党员利用职权谋取私利。”

“要坚决克服一部分领导干部中为自己和家属谋求特殊待遇的恶劣倾向。禁止领导人违反财经纪律，任意批钱批物。禁止利用职权为家属亲友在升学、转学、晋级、就业、出国等方面谋求特殊照顾。禁止违反规定动用公款请客送礼。禁止违反规定动用公款为领导人修建个人住宅。禁止公私不分，假公济私，用各种借口或巧立名目侵占、挥霍国家和集体的财物”“党的各级领导人员必须自觉地严格遵守关于生活待遇的规定，同时加强对子女的教育。”

在《准则》的 12 条中，有一条是陈云专门添上去的。郭仪回忆：“后来基本上定稿了，写作班都解散了。这时候陈云同志来了一个新的指示，准则必须要增加一条。”

1979 年 2 月，陈云在办公室

陈云要求必须增加的，就是现在《准则》的第十二条："努力学习，做到又红又专。"郭仪也分析了陈云的想法："这一条啊，就是强调我们搞四化建设，不能造就一批宏大的又红又专的干部队伍，四化是搞不成的。就是说党的干部啊，必须是要又懂政治，又懂业务。陈云同志在当时全党注重拨乱反正，纠正冤假错案的那种情况下，他真是高瞻远瞩想到了今天的四化建设。"

1980 年 2 月 29 日，党的十一届五中全会一致通过《关于党内政治生活的若干准则》，这是一部重要的党规党法，是陈云领导制定的一份纲领性文件。

中共中央政治局原常委宋平高度评价《准则》的制定及陈云在其中发挥的作用：

这样十二条，现在看来，这都是必须坚持的。陈云同志在通过这个党规党法——《若干准则》的五中全会上，又讲了一段话。他特别强调要认真实现集体领导制度。

《准则》公布以后，对党内政治生活由乱到治起到了立竿见影的作用。轰动一时的"西水东调"工程、"国才式锅炉"都因违背《准则》被叫停，相关领导被问责。纪检工作一炮打响，受到了人民群众的热烈拥护。

“执政党的党风问题是有关党的生死存亡的问题”

为了更好地贯彻执行《关于党内政治生活的若干准则》，中央纪委从 1980 年 4 月到 11 月的半年时间里，先后在北京召开了三次座谈会。而在第三次贯彻《准则》座谈会上，陈云提出了一个著名论断：

执政党的党风问题是有关党的生死存亡的问题。

新时期国民经济快速发展，社会面貌日新月异，很多人受不了利益的诱惑，产生了种种不正之风，其中也包括不少党员干部。而紧紧抓住党风问题，正是陈云指导纪律检查工作的突出特点。

中央纪委办公厅原副主任凌华倖谈起，从陈云批阅的文件中就能感觉到他对不正之风问题的重视：

出现了很多不正之风，这些材料送到了陈云同志那里以后，陈云同志看得很仔细，他再返回给我，要我补材料的时候，我看到材料上面他用铅笔在一些文字和数字底下画了重重的杠杠，在很多地方画出了惊叹号，所以说明陈云同志对于经济领域中的不正之风是忧心忡忡的。

中央警卫原副局长牟信之回忆起陈云常说的话：“当时他就多次说，党风问题是关系到党和国家的命运问题，说过多少次，这个腐败问题就是个党风问题。有一次他问我，他说为什么现在社会上送礼成风，为什么人家要送礼?”

陈云一向以身作则，他一生中从不收礼，也不送礼，成为雷打不动的原则。牟信之谈到一件往事：“1960 年，我们到郑州去视察，离开郑州火车站以后，列车长告诉我说这个地方送了一大捆芹菜和半袋花生米。陈云同志讲，按价格算钱，算了以后把钱装在信封里面写上一个下不为例，火车到了徐州以后请他们给退回河南省会去。”

陈云的另一位秘书顾宗宏也回忆起一件往事：“有一年一个老同志从国外回来，就给我打电话说，我从国外回来给首长带了一套组合音响，他知道首长爱听评弹，有组合音响听不是更好吗?我说我们首长从来不收礼，他就老缠着我，结果缠着没办法，我去跟首长说。首长就很严肃地对我说：‘我的工资都不够全家吃饭的，哪有钱买这东西?你就把这话告诉他。’那老同志在电话里一听，我给他一说，吓得不吭气了，后来在他面前也不提这事了。”

在陈云看来，社会上的不正之风实际上源于党风不正，而党风不正攸关党的生死存亡。他曾说：

对于利用职权谋私利的人，如果不给以严厉的打击，对这股歪风如果不加制止，或制止不力，就会败坏党的风气，使党丧失民心。所以，我说过：“执政党的党风问题是有关党的生死存亡的问题。”

中国社会科学院原副院长朱佳木曾在这一时期担任陈云的秘书，他明显感觉到陈云对党风问题关注重点的变化："1978年1979年1980年，甚至1981年，在那个时候他反复讲党风，主要针对的是党内的民主生活的问题。但是到了1982年以后情况有很大的变化，这个时候他主要谈的是以权谋私的问题，关于权钱交易的问题，关于行贿受贿的问题，关于走私贩私的问题，关于重大经济犯罪的问题。"

改革开放，人民的生活水平提高了，有些干部在待遇上开始攀比，很多机关都在购买进口汽车。有一天，陈云突然叫身边的警卫员赵天元开辆进口车来。多年以后，赵天元回忆此事，依然历历在目："有一天他告诉他，他说你跟许秘书说一声，明天开几辆车让我看看，一个是国产的车，一个是进口的车，看这个进口车到底有多高级。安排一个是尼桑，一辆是上海轿，一辆是公安部的一个奔驰500，防弹的，是当时最高级的车，接待外宾用的，接待外国首长用的车。"

第二天上午，三辆车都开来了。等陈云看完文件，工作人员向他汇报。陈云说："现在就看。"当时担任陈云秘书的许永跃也记得当时的情况："他在办公室，我们把车放好之后，就请他来看，他一边走一边说，老汉这次要开开眼，看看这些车是什么样子。"

看着陈云兴趣盎然，大家也兴致很高，但到了车前，陈云的表情却突然变了。赵天元说："真正走到停车场的时候，我确确实实感到他一看到那两部洋车的时候，他的神情就不像刚才那么风趣了，就很严肃了。""他先上了尼桑，上去之后，他在那儿看看车的内体，他还用手按按车座，他还坐在车的左后那个位置，按按车座，他还用拳头在那个靠背上捶了捶。他就说一句话，他说我感觉这车没有多高级吧。”下了尼桑，陈云来到国产车前，赵天元看到陈云的脸色缓和了：“下了车之后，走到上海轿跟前，首长说坐一坐，就上去了，上去之后，坐这个他情绪好，他看看这，摸摸那，看完之后，他竖起大拇指，说我觉得上海轿不错。然后，他就问许秘书，问这个车多少钱，进口车多少钱。所以首长就说了这么一句话，儿子自己的好。”而那辆最高级的奔驰车，陈云甚至没有多看一眼：“等他下了上海轿，他就想回去，不看奔驰。我就跟他说了一句，我说首长那辆奔驰才是最高级的，现在是国内目前能见到的最高级的车，他看了一眼：我懒得看。陈云同志还说了一句话，说老汉就坐红旗车。”

对这件事，赵天元感慨颇多：“当时我的感慨就很多，我觉得老人家他绝对不是说进口轿车不好。关键是，他对某些领导，就是某些党政干部花那么多外汇，自己坐高级轿车，他对这个非常有意见。”

几天后，陈云在中央纪委的一份文件上批示：

我建议，做表率首先从中央政治局、书记处和国务院的各位同志做起。凡是别人（或单位）送的和个人调换的汽车（行政机关配备的不算），不论是谁，一律退回，坐原来配备的车。在这件事上，得罪点人，比不管而让群众在下面骂我们要好。

很快，中央专门出台文件。从那时起，无论级别多高，领导干部一律都坐国产车。

“对严重的经济犯罪分子，我主张要严办几个”

当时，党和国家的领导人都旗帜鲜明地反对各种不正之风，比如邓小平就明确说：“现在，不正之风很突出，要先从领导干部纠正起。群众的眼睛都在盯着他们，他们改了，下面就好办。”但是，这些振聋发聩的提醒并没有得到充分的重视。

当时在广东省工作的丘海对此有切身体会：“国门打开之后，应该怎么样来进行改革开放、发展经济确实没有经验，特别是在沿海的一些地区，出现了一些问题，其中的一个问题就是原来的比较零星的一些、小规模的一些群众性的走私、贩私，在领导的一些错误判断和影响下，逐步形成比较大的，甚至是群众性的活动。”

不正之风演变成了腐败犯罪，这使得一向冷静的陈云怒不可遏。1982 年 1 月 5 日，全国人民还沉浸在新年的喜悦中，陈云却被中央纪委送来的一份材料气得满脸通红。时任陈云秘书的朱佳木依然清晰记得当时的情形：

我到陈云同志那里去，他指着桌子上的一个简报——那是我前一天给他送过去的中纪委的一个《信访简报》，就是反映广东沿海地区走私猖獗，涉及一些领导干部，他指着这个简报说，告诉鹤寿要严办，要杀几个。杀几个可以挽救一大批，乱世要用重刑，我们解放初期贪污几千元就要枪毙。

说完之后，陈云还不放心，他略一思考，又拿起了笔：“索性我来批几句。”他就在简报上给当时的中央政治局常委批了几句话。这份批示非常严厉：

对严重的经济犯罪分子，我主张要严办几个，判刑几个，以至杀几个罪大恶极的，并且登报，否则党风无法整顿。

陈云的批示件得到中央领导同志的一致同意，邓小平还在旁边又加了八个字：“雷厉风行，抓住不放”。一场打击经济犯罪、反对腐败的激烈战斗迅速掀开大幕。

1 月 11 日，中共中央书记处召开会议，贯彻邓小平、陈云等常委的批示，决定严厉打击经济犯罪，首先认真处理负责干部中现行的经济上的重大犯罪案件。同一天，中央发出了关于打击经济领域中严重犯罪活动的《紧急通知》。

2 月 11 日，陈云给中央纪委专门批示：

现在抓，时间虽晚了些，但必须抓到底。中纪委必须全力以赴。

很快，中央纪委专门成立了贯彻中央紧急通知办公室，增设新机构，并从各方面抽调四百多名干部参加工作。

时任中央纪委案件审理室主任的庞然曾经评价：“没有陈云

1982 年 9 月 23 日，陈云在中共中央纪律检查委员会全体会议上讲话。

同志的指示不可能有这么大的举动。工作方针是全力以赴，没有机构新设机构，没有干部先临时借调干部。”

3 月 8 日，五届全国人大常委会第 22 次会议通过了《关于严惩严重破坏经济的罪犯的决定》，对《中华人民共和国刑法》的有关条款作了相应的补充和修改。

4 月 13 日，中共中央、国务院作出了《关于打击经济领域中严重犯罪活动的决定》，对这场斗争作了周密部署。

7 月，中央纪委先后派出 154 名具有丰富斗争经验的司局级以上干部，分赴北京、上海、广东、福建、浙江等省、市，充实和加强打击经济领域严重犯罪活动的办案力量，直接参与大案、要案的调查处理工作。

中央纪委原干部室主任李楚栋谈起当年中央纪委的战斗景象："当时因为打击经济犯罪任务非常艰巨，中纪委机关里，还包括从各个方面抽调一些干部都奔赴办案第一线，那时候机关的人员都下去了。有些同志不大了解情况就问怎么回事，机关突然这么静悄悄的，孰不知我们很多同志都在很艰苦的第一线工作。"

前线烽火正急，坐镇北京的陈云密切注视着这场斗争的走向。朱佳木回忆："陈云同志非常关注这场斗争的进展，有那么一段时间里面，他别的文件都不看了，就是思考这件事。那个时候还有，陆陆续续反映我们一些领导干部，以及领导干部子女在经济上出现严重问题，各个方面来的简报，陈云同志有的做了批示，有的向有关的领导转达了意见。有一个事情，就是说一个经济犯罪分子、领导干部被逮捕了，新华社播的，他听见了，他晚上听广播，每天晚上听八点钟新闻联播，但是第二天他看《人民日报》，《人民日报》没有，他就让我打电话问为什么。"

在众多的案件中，广东省海丰县委书记王仲一案，牵动着陈云的心绪。

1980 年七八月间，海丰县打击走私贩私斗争正处于高峰期，被查获的走私货物在汕尾镇堆积如山，令王仲垂涎三尺。到 1981 年 8 月，王仲侵吞缉私物资、受贿索贿的总金额达 6.9 万元，在当时是一个触目惊心的数字。

王仲的不法行为造成一系列严重后果，海丰县一时成为远近闻名的私货市场。此案的处理受到陈云的密切关注，他多次听取案情汇报，先后派出一百多人次的工作组。

时任广东省贯彻中央紧急通知办公室工作人员的丘海说起当时社会上的一些争论：

有的同志认为，王仲是一个老同志，为党做了一些贡献，犯了错误，是不是应该从轻一点处理。但是中央特别是陈云同志认为，在我们改革开放的关键时刻，在一个地区出现如此严重的问题，王仲确实是起了非常重要的、非常坏的这样一种效果。

1983 年 1 月 17 日，在汕头市人民广场举行的审判大会上，王仲被依法判处死刑，成为改革开放后第一个因贪污腐败被枪毙的县委书记，此案也被称为“改革开放第一案”。

作为这一案件审理过程的参与者，丘海的感触是非常深刻的：

对王仲这个案的查处，以及最后的处理，都表现出了陈云同志这种无产阶级革命家、政治家的胆略和气魄。对王仲的处理，特别是这种严惩，向全国公示，我们搞改革开放必须是两只手都不能放松。

打击贪腐的斗争覆盖全国，没有例外。原化工部副部长杨义邦在对外经济活动中违反纪律，并有变相索贿受贿行为，给国家信誉和经济利益造成重大损失。1982 年 2 月 1 日，曾决定给予杨义邦党内严重警告处分。但 2 月 24 日，陈云在刘澜涛的信上批了一段话：

这件案子书记处讨论了两次，不作决定。我是退无可退，才由纪委作出决定的。一部分参加书记处的同志顾虑重重，我看没有必要怕那些负责同志躺倒不干。要讲党性，不怕他躺倒。谁要躺倒，就让他躺吧。

根据陈云的批示，7 月 22 日，中央纪委作出《关于进一步核实和处理杨义邦同志所犯错误的决定》，决定给予杨义邦留党察看两年和撤销党内一切职务的处分，并建议撤销他在党外的各种职务。25 日，陈云再次做出批示。8 月 11 日，国务院决定撤销杨义邦的化工部副部长职务。中央文献研究室副研究员张曙告诉我们："杨义邦是到 1982 年 8 月因为经济问题被查处的最高级别的官员。多年以后，他被喻为陈云同志担任中央纪委第一书记期间打的第一只老虎。"

在陈云等人的直接领导下，改革开放初的这场反腐斗争，取得了重要成果。截至 1983 年 4 月底，全国已揭露并立案审查的各类经济犯罪案件共计十九万二千多件，依法判刑的近三万人，追缴赃款赃物合计四亿一千多万元人民币，这在当时是一个不小的数目。

10 月，陈云在党的十二届二中全会上公布了一系列数字：

我们绝大多数党员是不谋私利的，但因谋私利而犯法、犯错误的党员也不是一个很小的数量。就从打击经济领域犯罪以来，中纪委统计的经济犯罪案件中看，开除党籍的有九千多人，受党纪处分的有一万八千多人，两者合计二万七千多人。

朱佳木回忆："这个数字是他让我向中组部核对的，他为什么要讲这个数字？我理解他就是为了要向大家说明问题的严重性。就是说我们当时1927年遭到了国民党这样一种屠杀政策所剩一万多党员，最后取得了革命的胜利，但是我们现在由于经济犯罪或者是经济方面的错误，损失掉的党员比当时的党员还要多，他就是要给全党敲个警钟，能引起大家的重视。"

"横眉冷对千夫指，俯首甘为孺子牛"

重拳之下，腐败情况在改革开放初期就得到了有效的遏制，这成为各项建设的重要保障。但是，反腐斗争不可能毕其功于一役。陈云对此有非常清醒的认识，他多次强调："党性原则和党的纪律不存在'松绑'问题。没有好的党风，改革是搞不好的。共产党不论在地下工作时期或执政时期，任何时候都必须坚持党的纪律。"

1986 年 10 月 4 日，陈云同中央纪委常委王鹤寿、强晓初、陈作霖、傅杰、李之琏、肖洪达等在一起

反对腐败是要冒风险的，陈云要求纪委的干部，“必须有坚强的党性，必须有一身正气”，他自己则是率先垂范。他曾对身边工作人员说，他“准备人家打黑枪，准备折子折孙”。

陈云的女儿陈伟兰回忆起当时陈云的一句嘱托：

我父亲当然对这个事情是很看重了，而且他也把困难想得比较多。他就让秘书跟我们讲，说你们回家的时候，一定要注意，小心在后头有人可能会拿车撞你们，或者说是拿刀子捅你们。

从 1978 年到 1987 年，在陈云担任中央纪委第一书记的 9

年里，建立健全了党内政治生活规则，加强了党纪党规党法的制度化建设，恢复重建了党的各级纪检组织，培养锻炼了一支作风过硬、能力突出的纪检干部队伍，为新时期党的纪检工作奠定了坚实基础。这 9 年全国各级检察机关查处各种经济犯罪案件 70 多万件。在今天重温改革开放之初的峥嵘岁月，仍能看到党和政府端正党风、惩治腐败的决心。

全国人大常委会原副委员长顾秀莲十分理解陈云的考量：

他说如果党的风气很正很好，老百姓就很满意，那么我们的事业就会非常兴旺，就能搞得好。

中国人民解放军总后勤部政委刘源也对我们说：

全世界现在腐败问题都是一个大问题，不管哪国，哪国的政府包括军队都有腐败问题，关键是看我们怎么反腐败。那么我们共产党确实在反腐败问题上一直是很坚决的，尤其是作为陈云他们那个老一辈，他们在这些问题上是盯得紧的。陈云叔叔说的是生死存亡，那么现在我想这句话已经是深入中国人民每一个人的心中，特别是我们党员，我们党中央时时刻刻都得记住的。

喜爱书法的陈云曾经送给中纪委副书记王鹤寿一个条幅：“横眉冷对千夫指，俯首甘为孺子牛”，这或许就是陈云对纪检工作的理解与追求；而回首当年的这份批示，又不禁感叹于这一路走来的艰辛与执着。

共创伟业

“文化大革命”结束后，百废待兴、百业待举。一方面，国家的经济建设迅猛发展，党和人民的积极性空前高涨；另一方面，国民经济比例长期严重失调的问题也日益暴露出来并产生了严重的后果。如果不能及时纠正国民经济发展中存在的突出问题，克服盲目引进、经济过热的现象，方兴未艾的现代化建设将面临危险境地。

国务院研究室原主任袁木回忆说：“工业项目的引进，因为那时候我们已经提出了实行对外开放，从国外引进项目。陈云赞成要引进，但他提出来，这个引进啊，要量力而行、循序渐进，不要一拥而上，防止求成过急。”

1978年7月，国务院召开务虚会，研究经济建设问题。陈云和李先念都对国民经济发展中的问题十分担忧。李先念按照陈云的意见，决定国务院务虚会多开几天，充分听取各种意见。

财经专家

早在建国初期，主持全国财经工作的陈云为新中国的经济建设立下了汗马功劳，也树立了很高的威信。1954 年，根据工作需要，中央决定从地方选调一名干部进京担任财政部长，作为陈云的助手。征求意见时，陈云毫不犹豫地说，我要李先念。从此，李先念担任国务院副总理和财政部长 20 多年，协助周恩来、陈云，对中国社会主义经济制度的确立和发展，作出了杰出的贡献。

1956 年，陈云在中共八大的讲话中提出“三个主体，三个补充”的系统构想，突破了社会主义经济不能有市场的传统观念。“三个主体，三个补充”无疑是社会主义经济建设过程中的一个重大突破，成为陈云关于计划与市场关系的最早的探索。

从 1962 年开始，遭受政治冷遇的陈云逐渐离开了最高决策层和一线工作岗位，但他始终关注着国民经济的发展。

1973 年到 1974 年，“文化大革命”的后期，陈云曾出来工作过一段时间，协助周恩来、李先念抓外贸工作。

陈云之子陈元回忆说：“整个财贸工作都是先念同志主持。这段时间，我父亲跟先念同志工作关系非常密切。后来有一段时间，我父亲其他的具体工作没有了，他说我就是给先念同志做个顾问。”

1976 年 10 月 24 日，李先念与华国锋、叶剑英在北京庆祝粉碎“四人帮”的群众大会上

1976 年，“文革”刚刚结束，主持中央军委日常工作的叶剑英和主持国务院日常工作的李先念，就不止一次地向中央建议，让被打倒的邓小平、靠边站的陈云早日进中央政治局，参加中央领导工作。

原李先念秘书程振声回忆说：“先念同志呢，因为他对陈云同志是非常了解，特别是陈云对经济的熟悉，那在中国来讲可能是比他强的不多。先念和叶剑英商量，应该让邓小平、陈云早日出来工作。先念就提陈云同志，向华国锋建议。叶帅则向华国锋建议邓小平早日出来。先念同志对邓小平、陈云同志出来工作是非常拥护的，也是倡导者，多次提过。”

邓小平、陈云在十一届三中全会上

1977年7月，十届三中全会召开，邓小平复出工作。

1978年12月，十一届三中全会召开，陈云被增选为中央政治局委员、政治局常委、中央委员会副主席并当选为中央纪律检查委员会第一书记，他和叶剑英、李先念一道，成为以邓小平为核心的党的第二代中央领导集体的重要成员。

“调整、改革、整顿、提高”

改革开放之初，面对经济工作中的诸多难题，李先念建议由他的“经济上的老师”，此时并不分管经济的陈云，出来领导经济工作。

1979年3月14日，为统一对经济调整的认识，加强对经

陈云同李先念交谈。

济工作的领导，陈云、李先念两人在多次商讨后，联名致信党中央，建议调整过热的国民经济。他们的建议引起了中央的高度重视和邓小平的进一步思考。

在中国这样一个贫穷落后的东方大国，怎样才能走上现代化建设的通衢大道呢？邓小平也清醒地看到了中国与世界现代化进程的差距，开始重新考虑经济发展战略。

3 月 21 日，邓小平在会见外宾时创造性地提出：我们定的目标是在本世纪末实现四个现代化。我们的概念与西方不同，我姑且用个新说法，叫做中国式的四个现代化。

3 月 21 日至 24 日，中央政治局连续开了三天会议，重新研究 1979 年的经济计划和国民经济调整工作。在会上，陈云作了系统的发言，他首先讲明，我们搞四个现代化，建设社会主义强国，是在什么情况下进行的。“讲实事求是，先要把‘实事’搞清楚。这个问题不搞清楚，什么事情也搞不好。”他强调坚持按比例发展的原则进行调整。

为了统筹推进经济调整工作，3 月 14 日的联名信还建议在国务院下设财政经济委员会，作为研究制订财经工作的方针政策和决定财经工作中的大事的决策机关，并提出了财政经济委员会组成人员名单，以陈云为主任，李先念为副主任。

程振声回忆说：“陈云和先念同志建议成立财经委员会。他们俩又推托，陈云让先念干，他说我年岁不行了，岁数大了，身体不行。先念同志说你有经验，你来挂帅我来协助。最后先念和陈云同志决定，陈云勇往直前干到底，这是先念的话。”

邓小平完全赞同陈云、李先念提出的对国民经济进行调整的建议，并支持陈云和李先念领头抓经济工作，“由陈云、李先念两同志挂帅，统一管理全国的财政经济工作和目前的调整工作”。3 月 25 日，陈云主持召开国务院财经委员会第一次会议，开始了实际的工作。

调整并不是说，什么都要下马，陈云提出很重要的一个想法，就是该上马的上马，该下马的下马。这里面宝钢就是一个特殊的例子。在其他项目都要下马的时候，陈云力促宝钢要上马，因为当时宝钢投资两百多个亿，是改革开放以来我们国家引进的一个最大项目。陈云一切从实际出发，做任何事情都实事求是。

邓小平、陈云、李先念通力合作，共同下决心确定了“调整、改革、整顿、提高”的经济工作方针。到 1981 年底，国民

1982 年 8 月 14 日，邓小平、陈云、李先念在一起

经济重大比例关系得到改善，财政收支基本平衡，为 20 世纪 80 年代的经济体制改革创造了有利的条件。

在重大的历史关头，都是邓小平、陈云和其他一些老一辈革命家同心协力、力挽狂澜，才使我们的这条道路没有受到很大的挫折，没有走很大的弯路。

“社会主义制度的自我完善”

改革开放后，党和人民共同面临着“什么是社会主义、怎样建设社会主义”的历史命题。邓小平旗帜鲜明地强调“改革是中国的第二次革命”，领导党和人民开启了改革开放的历史进程。陈云积极支持和推动邓小平倡导的改革开放，以自己长期领导经济工作的丰富经验，深刻分析时代特征和世界大势，推动经济体制改革。

计划与市场的关系，是经济体制改革的关键。早在“文化大革命”中，陈云就向中央提出，“对资本主义要很好地研究”。1972 年，离开工作岗位多年的陈云回到北京，参加国务院业务组，研究当时有着迫切意义的国际经济形势和发展对外贸易问题。

原陈云秘书许永跃说：“他说不研究资本主义的话，我们就不可能了解资本主义社会好不好，我们会失掉世界发展变化的良机。那个时候‘四人帮’还在位置上，能够提出来这个意见，我认为难能可贵，很不容易，没有一定胆识，没有一定的勇气是做不到的。所以后来小平同志倡导和提出来的改革开放，陈云同志是坚决支持，坚决拥护，积极参与推动的。”

十一届三中全会后，随着经济调整的深入，社会主义经济建设规模日益扩大，指令性计划过大过死、对市场机制利用不足的缺点日益突出。

1979 年 3 月，陈云经过深入思考，总结、回顾自己几十年领导经济工作的心得，亲笔写了一份题为《计划与市场问题》的提纲，探索如何在社会主义计划经济中利用市场机制的问题。在提纲中，陈云提出整个社会主义时期经济必须有计划经济部分和市场调节部分，“第一部分是基本的主要的；第二部分是从属的次要的，但又是必需的”。

提出发展市场经济是需要很大的政治勇气的，计划经济搞了那么多年了，一说提出市场经济，大家，包括学术界都是很震动的。

改革开放首先是人们思想观念的变革。陈云关于计划经济下要有市场调节的思想，在人们对社会主义经济体制的僵化认识上打开了一个缺口。

1979 年 9 月 29 日，在庆祝中华人民共和国成立 30 周年大会上，全国人大常委会委员长叶剑英全面总结了建国 30 年的历史，提出“我们一定要把加快经济发展同逐步提高几亿人民的生活水平很好地结合起来，把充分发挥我国现有企业的作用同积极引进国外先进技术很好地结合起来”，改革和完善社会主义经济制度。

1979 年 11 月，中国社会主义改革开放和现代化建设的总设计师邓小平，从中国共产党人对社会主义经济体制探索和思考的成果中提炼出一个新颖的观点：社会主义也可以搞市场经济！他说：“社会主义为什么不可以搞市场经济，这个不能说是资本主义。我们是计划经济为主，也结合市场经济，但这是社会主义的市场经济。”

几位老一辈革命家不谋而合，共同把目光投在改革传统计划经济体制上来。在中央的倡导下，以扩大企业自主权为目标的国有企业改革试点初见成效，人民群众也广泛地发挥聪明才智，家庭联产承包责任制悄然兴起。

全国人大常委会原委员长、时任中共安徽省委第一书记万里回忆说：“包产到户既不合党的决议，又不合宪法，宪法规定是人民公社嘛。开始搞了以后，我说怎么办？我首先跟陈云同志商量的，我说我那儿已经搞起来了。他当时在人大会堂开全国代表大会，他在主席团。休息时我到他那里，我说怎么办？他说我双手赞成。”

1984年，党的十二届三中全会通过了《关于经济体制改革的决定》，进一步提出社会主义经济是“公有制基础上的有计划的商品经济”，突破了把计划经济同商品经济对立起来的传统观念，对此后社会主义市场经济体制的建立提供了重要的思想基础。

1985年，陈云在中国共产党全国代表会议上对我国的经济体制改革作出精辟阐述：现在进行的社会主义经济体制改革，是社会主义制度的自我完善和发展。经济体制改革，是为了发展生产力，逐步改善人民的生活。

许永跃回忆说：“陈云同志在1985年的党的全国代表会议上的讲话和小平同志也在这一天里的讲话，都同样使用了一句话，叫做我们所进行的经济体制改革，是‘社会主义制度的自我完善’。这句话，小平同志在他的讲话里是这样用的，陈云同志的讲话里边也是这么用的，只不过比小平同志的讲话多了三字，‘社会主义制度的自我完善和发展’。两位老人说的是完全相同的一句话，可见他们对这个问题的重视，就是说我们的改革，是要遵循着社会主义这个本质来坚持走下去。”

“要写六十年”

20世纪80年代，随着思想上、政治上和经济上的拨乱反正不断深化，在社会主义经济建设不断取得新的突破、开辟出一条新路的同时，社会上也出现了一些思想混乱，精神文明建设逐渐成为一个值得关注的问题。此时，对建国以来的历史如何全面评价，特别是如何评价毛泽东的历史地位和“文化大革命”，成为国内外关注的焦点。

在解放思想这样一个潮流当中，又出现了另外一股思潮，就是怀疑中国共产党的领导，同时又怀疑毛泽东思想，认为毛泽东思想不能再作为我们党的指导思想，怀疑毛泽东思想的科学性。

1979 年初，针对党内和社会上出现的混乱现象，叶剑英建议中央召开理论工作务虚会，总结正反两方面的经验教训，统一认识，把思想理论上的重大原则问题讨论清楚。

对此，陈云深以为是。

陈云曾说，过去的一些商人里头，有一些拿着水烟袋专门踱方步的人，这些人就是考虑战略问题的。他说我们党应该有一些领导干部，专门抽出一些时间来，经常性地踱踱方步，考虑战略问题。我们党对一些重大问题处理好了，在一些重大历史关头就会把握住方向，就会引领我们全党全国各族人民向正确的方向前进。

3 月 30 日，邓小平在理论工作务虚会上作了题为《坚持四项基本原则》的讲话，严肃批评了资产阶级自由化思潮，阐明了四项基本原则对社会主义现代化建设的思想政治保证作用，为社会主义精神文明建设指明了正确的方向。

陈云也多次在讲话中强调，在社会主义现代化建设中，必须纠正忽视精神文明建设的现象，物质文明和精神文明必须一起抓。

许永跃回忆说："1979 年的中央理论务虚会在结束的时候，小平同志代表中央讲了四项基本原则问题。小平同志提出这个问题，征求了陈云同志的意见，陈云同志是非常赞成和支持小平同志讲的这个意见。而且小平同志的讲话，事先也都请陈云同志看，陈云同志非常赞成。这四项基本原则，在当时统一我们全党的认识，尤其是在理论务虚会上统一当时参加会议人的思想，是有着非常重要意义的。"

1979 年 11 月，在邓小平主持下，中央开始着手起草《关于建国以来党的若干历史问题的决议》。但当历史决议起草组把写出的初稿报给邓小平时，他对这个稿子并不满意。他就说这

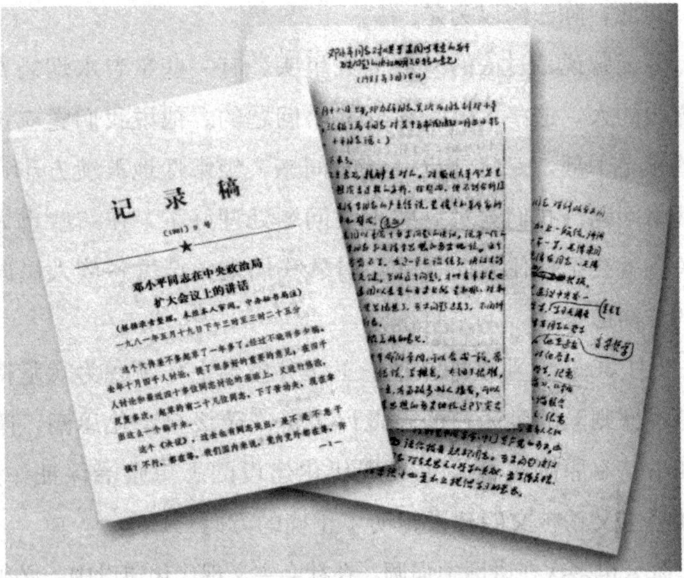

邓小平在 1981 年 3~5 月间关于历史决议稿的三次谈话记录

个稿子不行，要重新来。为什么要重新来呢，他说我们原来就提出，这个稿子要确立毛泽东同志的历史地位，坚持和发展毛泽东思想。但现在你们这个稿子，没达到这个要求。

邓小平高瞻远瞩，提出决议的核心的一条就是要确立毛泽东的历史地位，坚持和发展毛泽东思想。

如何在历史决议中充分体现这个指导思想？在这一关键问题上，陈云提出了这样的建议。新民主主义革命时期这个二十八年历史要充分地写出来。要写六十年，把前二十八年和后面三十二年历史联系起来写。这样，确立毛泽东同志的历史地位、坚持和发展毛泽东思想就有更全面的依据。

1981 年 6 月，十一届六中全会通过了《关于建国以来党的若干历史问题的决议》，拨乱反正划上了一个圆满的句号。从此中国共产党完成了对自身历史的正确认识，甩掉了包袱，开始一心一意地开拓社会主义现代化建设的新局面。

中共中央文献研究室第三编研部主任姜淑萍评价说："陈云对社会主义、共产主义的理想和信念坚贞不渝，无比坚定。在几十年的革命生涯中，无论处境怎样艰难，无论遇到怎样的困难，他始终对社会主义前途充满信心，认为社会主义、共产主义事业一定能够成功。他对这一点坚信不疑，从来没有动摇过。"

1983 年 10 月，在党的十二届二中全会上，有着半个多世纪党龄的陈云充满信心地说："资本主义必然要被共产主义所代替，这是无可改变的法则。"这名立志为共产主义奋斗到"翘辫子"的老战士，在讲话的最后情不自禁地振臂高呼："社会主义万岁！共产主义万岁！”

陈云和邓小平、叶剑英、李先念等老一辈革命家一道，在领导改革开放的风雨征程中协力同心、紧密配合、共襄伟业，开创并推动了中国特色社会主义伟大事业，而他们对共产主义理想信念的坚贞不渝，也引领着一代又一代的中国共产党人为之而不懈奋斗。

淳朴家风

在陈云身边警卫的赵天元，记得这样的一个小故事：

1987 年 5 月陈云与于若木在杭州

1986 年 5 月，陈云在上海休养。有一天在洗脸时，他将右眉上的一颗黑痣给洗破了，出了血。于是去上海华东医院做了个小手术，缝了四针。六天后，伤口痊愈，黑痣却不见了。陈云一看，便和工作人员开起了玩笑，说老汉这颗痣没了，于奶奶不认识了，说这是从哪里来的坏老头。

陈云口中的于奶奶指的正是夫人于若木。

夫妻间情深意笃，尽在此中。

“老实人和老实人在一起，能够合得来”

1937年11月29日，延安城上空的一阵空袭警报扰乱了陕北公学的秩序，学校立即组织学生隐蔽。正在师生们慌忙躲避之时，学校又传来了消息，原来这次来的并非敌机，而是我方自己的飞机。学校号召学生们准备去机场迎接，当学生们正往机场赶时，又传来消息，欢迎会就定在陕北公学的操场上举办。

在陕北公学的操场上，以毛泽东为首的中央领导同志为来人举办了一个简单而热烈的欢迎会。欢迎会大约有两千多人参加，还在陕北公学读书的于若木就坐在前排离主席台七八米的地方。

正是在这里，18岁的于若木第一次见到了陈云。

即使已经过去了六十多年，在于若木的记忆里，那天的情景依旧清晰：

主席台的人我都看得很清楚。王明、康生、陈云三个领导人，都看得非常清楚。他们都穿着黑色的衣服，穿着马裤、长筒马靴，跟延安的服装完全不一样。一看着他们，就觉得特别高大，特别有精神。

此时，32岁的陈云已是共产党的资深领导人。几天后，他担任了中央组织部部长。重任在肩的陈云投入了紧张工作。由于过度劳累，他经常流鼻血，中央专门请了一位苏联专家为他治疗。苏联专家回国以后，中组部就想在陕北公学里找一个学生负责护理陈云。首先要是党员，政治上可靠，其次还要条件合适，这就选中了于若木。

陈云和于若木就这样相识了。照顾陈云的工作并不复杂，就是定时给他的鼻子点一点药水。陈云在窑洞的门口给于若木准备了一张桌子，于若木经常坐在那里看书。没事的时候，陈云和于若木也常在一起聊天。

有一天，陈云找来于若木，郑重地说：“我们做个朋友好吗?”于若木立即同意了。陈云又说：“我是一个老实人，做事情从来老老实实。你也是老实人。老实人和老实人在一起，能够合得来。”陈云向于若木坦诚地介绍了自己的情况。他说自己已经 32 岁了，又强调自己只是高小毕业。他希望于若木好好考虑考虑他的条件。

可于若木却毫不介意：

那时候我入党之前，就有坚定的共产主义信仰了。对共产党是非常崇拜的，觉得共产党人、共产党的领导，都好像神人一样，都是不平常的人。我觉得年龄差距也不是问题。虽然他的学历是小学毕业，但是在革命路程当中，他已经有了很大的提高。跟他比起来，我还有自卑感，觉得我还配不上他。

双方关系确定以后，陈云为了慎重起见，还特意将在陕北公学男生队学习的于若木的二哥请来，坦诚地介绍了自己和于若木相识的经过，郑重地征求了于若木二哥的意见。于若木的

1938年3月，陈云同于若木在延安结婚

二哥对陈云的印象很好，爽快地同意并祝福了他们。

就这样，1938年初，陈云和于若木决定结婚。陈云拿出了一块钱，买了花生、瓜子、糖果，在中组部的一间平房里，和于若木举行了一个简单而热闹的婚礼。

刚刚新婚，陈云就一连花了三个晚上给于若木讲党史。从大革命失败后的盲动主义讲到向忠发、顾顺章的叛变，从第五次反“围剿”讲到毛泽东对党和红军的挽救。延安城静谧的晚上，宝塔山下的窑洞里，油灯如豆的光亮照在窗户上的喜字上，映的整个窑洞里红彤彤一片。新郎官陈云讲得兴致盎然，新娘子于若木听得也是津津有味。在延安，“陈云洞房里上党课”一时被传为佳话。

婚后不久，邓小平从太行山回到延安，听说了陈云和于若木的故事，即兴做了一首打油诗：“千里姻缘一线牵，鼻痛带来美姻缘。中山政策女秘书，先生路线看护员。”

“千里姻缘一线牵”指的是陈云和于若木本来相距甚远，是党组织牵线让他们走到了一起。“鼻痛带来美姻缘”说的就是流鼻血带来的这么一段姻缘。“中山政策女秘书，先生路线看护员”，说的是宋庆龄本来是孙中山的秘书，而于若木则恰好是陈云的看护员。

“先生”和“看护员”就这样开启了 58 年相携相伴、相濡以沫的人生故事。

陈云与于若木 1983 年 5 月于杭州

两辆红旗车

在儿女们的印象里，于若木为了照顾陈云，为了让他能够更好地工作，自己牺牲了很多。二女儿陈伟华觉得，其实母亲非常聪明而且能力很强，有着自己的理想抱负。但陪伴着父亲，母亲也觉得是她自己的责任。于若木常常跟孩子们说，家里所有的事情都要以陈云为主。

于若木对陈云的关心可谓是细致入微。对营养学有研究的她协助医生定健康食谱，帮着厨师做营养餐。就连每次给陈云新做的布鞋，因为担心新鞋穿着会挤脚，于若木都要自己先穿上几天，直到鞋子合脚又舒适了，再拿给陈云穿。

陈云的身体一直较弱，他曾戏称自己是“木炭汽车”，走走停停。因此，有很多人说，陈云之所以能保持健康长寿，与夫人于若木的悉心照料是分不开的。但于若木从来没有觉得这是她自己的功劳。在她看来，这都是日常生活里最普通的事情。

对于“老太太”的照顾，陈云自己也是很满意的。有一年春节，陈云要接见一批烈士子女。接见之前陈云特意询问于若木自己应该穿什么衣服，于是于若木特意为他找出了一套。见完烈士子女之后，陈云又找来于若木，专门表扬她，说：你给我找的那套衣服怎么搞的？又合身，颜色也合适，特别好！于若木的印象里，陈云最高表扬的话就是“你怎么搞的”。

虽然陈云对夫人的悉心照顾十分满意，但对于于若木，陈云的要求也十分严格。

1978年，中央为陈云配备了一辆“红旗”牌轿车以便他从事国务活动时乘坐。他十分喜爱这辆红旗车，但他却规定，不论是公事还是私事，家里任何人都不允许乘坐这辆红旗车。

家人们都严格遵守着陈云的“三不准”原则。陈云的夫人于若木多年来每天都骑着一辆天津自行车厂生产的“红旗”牌自行车上下班。

“文化大革命”前，于若木在中国科学院工作，她每天都骑着自行车去香山上班。每次都要骑一个半小时，半路上饿了就吃块巧克力，有了力气再骑。粉碎“四人帮”后，于若木被调到了中科院院部的落实政策办公室，依旧每天骑自行车上班。

当看到陈云的红旗车时，于若木曾开玩笑地说：“我们家院子里停了两辆红旗车！”虽然陈云严格要求于若木不准使用公车，但在这近乎苛刻的严厉之中也不乏关心。陈云在和工作人员聊天时还曾经特意嘱咐，告诉老太太不要再骑车了，年纪这么大了，骑车上街怕出危险。

结果果真有一天，于若木骑着车被迎面骑车过来的一个年轻人撞倒了。因为看年轻人着急上班，于若木便忍着痛爬起来，

20世纪50年代初全家福

说着没事没事，便让年轻人走了，自己也蹬上自行车回了家。到家一看，脚全都肿了，医生诊断是脚面骨折，于若木因此不得不休息了很长时间。也正是因为这件事，陈云再也不让于若木骑车，将自行车没收了，交给了二女儿。

于是，这辆“红旗”牌自行车就交给了陈伟华，伟华骑了十几年后，这辆车实在骑不了才“退休”。而另一辆“红旗”牌轿车，在陈云逝世后的第二天，就被于若木上交给了中央办公厅。

除了对待夫人，对待孩子们，陈云也是一样慈爱中不乏严格。

1971年9月，因为陈云的厨师病了，大女儿陈伟力负责去江西照顾他。

去江西之前，陈云就嘱咐陈伟力："如果你要来江西照顾我，你就不能拿单位的工资，将来要把工资退还给单位。"于是，等到陈伟力1972年6月回到物理研究所时，将这一段时间的工资退还给了单位。

除了私人不能随意动用公家的财物，陈云的"公私分明"还体现在绝不将公事随意告知家人。陈云在"三不准"里还严格规定了家人不准随便进出他的办公室；不准翻看、接触只供他阅读的文件、材料。

在计划经济时代，我国购买商品实行统购统销、定量供应的原则，买东西都需要凭借票、证。60年代初，为了应对我国经济出现的困难局面，主管经济工作的陈云等曾主张搞几种"高价商品"以回笼货币。所谓的高价商品就是指购买这些商品时不再凭票，只要花上比平价商品高上几倍的价格就能买到。高价商品一经推出，就受到市场欢迎。仅仅1961年1月，全国就出售了1800万斤高价糕点和糖果，回笼资金8300万元。

这一年夏天，于若木上街为陈云购置了一床高价毛巾被。结果第二天报纸就登出消息，因为国家经济已经恢复到一定水平，可以取消高价产品了。即日起，所有产品都降为平价产品。看到这个消息的于若木不由得抱怨起陈云来。但陈云却说，我是主管经济的，这属于国家经济机密，我当然不能随便在家里说。

陈伟力在江西照顾陈云时，也发生过一件类似的事情。一天，上级传来通知，要陈云去省里听传达文件。陈云迟迟不归，留在家里的伟力十分担心，害怕父亲遇到什么不测。直到天色近黑的时候，陈云才回到家里。陈伟力急着问他出了什么事情，陈云却说，现在还不能告诉你。这件事情会传达，但是要等到文件规定的，传达到你这一级的时候，我才能告诉你。过了几天，心情迫切的陈伟力又催促父亲，父亲还是闭口不提。一直等到文件规定的，可以传达到陈伟力这一级的时候，陈云才正式地、严肃地告诉了陈伟力关于林彪叛国逃离的事情。

在生活、工作的细节中陈云总是强调要“公私分明”，在儿女大事上，陈云更是坚持如此。于若木曾经说过：“我们家的家风有一个特点，就是以普通劳动者自居，以普通的机关干部要求自己，不搞特殊化。”

1968 年，只有 18 岁的小女儿陈伟兰从解放军艺术学院毕业后，被分配到了西藏。

一听到这个消息，就有人给伟兰出主意，你可以试试让你父亲跟领导同志讲一讲，这样你就可以不去西藏了。于是伟兰回家向陈云表达了这个意思。结果陈云严肃地告诉她：我不能给你讲这个话，别人都能去，你也应该能去。

虽然陈云是如此劝导女儿的，但是 18 岁的小女儿刚刚毕业就要远赴西藏，作为父亲怎么能不担心牵挂。

伟兰要走的那一天，陈云把全家都叫了回来。此时“文化大革命”刚刚开始，在这种状况下，陈云虽然有很多话想说，却不方便开口。只是说伟兰现在要出远门了，去西藏。将来什么时候能回来，什么时候会怎么样，都不知道，全家要一起去送送她。

1960 年全家福

也许是不忍看着女儿的背影，陈云虽然让全家人都来送伟兰，却独自一人站在楼道里，没有出来。只是在女儿出门前叮嘱，再大的困难也不要害怕，别人能干，你也能干。小儿子陈方则受到父亲的叮嘱一定要将伟兰送到火车站。等陈方回家后，陈云立即问了伟兰的情况，陈方告诉父亲自己一直将姐姐送上了火车，陈云这才安下心来。

儿行千里母担忧，作为父亲的陈云对于独自远赴千里之外的女儿也是牵挂万分。因为那时西藏的交通不太便利，伟兰在给家里写信时表示自己既看不到报纸，也听不到广播，生活比较枯燥。陈云担心伟兰在这种情况下可能会产生苦闷情绪，便给每个孩子都布置了任务，让孩子们每周都要给伟兰写一封信。陈云还特意给几个孩子分配好了时间，是谁在哪一周写信，以保证每周都有一封给伟兰的信。

有分离的忧愁，也有新生的喜悦。也是在这一年，陈云的大女儿伟力即将生产。由于伟力和丈夫都没有住房，为了女儿，陈云特意致信周恩来总理，要求从北京西郊的临时住所搬回城里的原有住宅以照顾女儿。

此时正是“文化大革命”初期，一方面一家人四散分离，家里除了伟力只有陈云、陈方和伟力的丈夫几个大男人，另一方面在这种政治情况下陈家请不到人来照顾陈伟力。即使如此，为了迎接第一个孙辈的降临，陈云对女儿的生活还是进行了细心规划。

陈云嘱咐陈方承担起主要责任，在家里照顾陈伟力坐月子。他还特意交代陈方，把伟力准备坐月子的房间的窗户用胶条、报纸都糊上。陈云还将自己所知道的有限的中国旧时坐月子的方法反复交代给伟力听：“不能吹风、不能着凉、不能洗澡。”

但毕竟是第一次做爷爷，陈云实在不清楚该怎么照顾孕妇，怎么带孩子，为此，他特意交代秘书肖华光回家去请教他夫人怎么带孩子，怎么坐月子，再来给伟力讲。当肖秘书给伟力介绍时，陈云也总在旁边认真地听着。

做好人，读好书

1969 年 10 月，陈云被下放到江西化工石油机械厂“蹲点”。此时夫人于若木已被下放到湖南衡东中国科学院的“五七”干校。大女儿伟力被分配到“五七”干校，大儿子陈元到湖南新邵县当了工人，二女儿伟华在北京怀柔县农村学校任教，小女儿伟兰被分配到驻藏部队，小儿子陈方在北京工厂当工人。

陈云离京时，没有一个亲属陪行。

两年零七个月，没有家人的陪伴，在一栋简陋的平房里，陈云独自度过了大部分的时光。在这里，为了便于保密，陈云

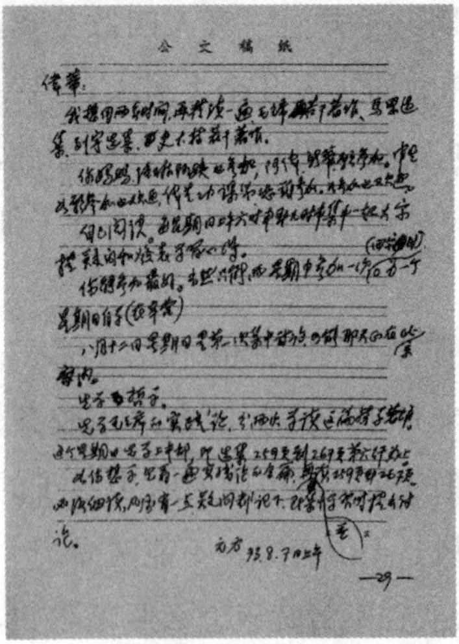

公 文 稿 纸

伟华：

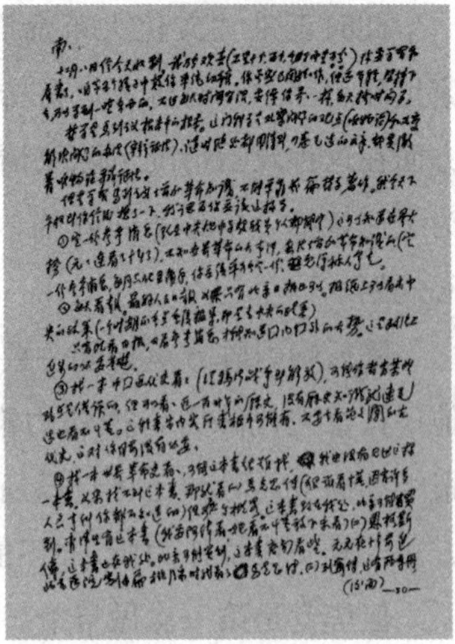

“文革”期间给陈伟华的信

特意化名“陈元方”，取的是大儿子陈元和小儿子陈方两人名字的各一个字。正是用这个名字，陈云给天各一方的孩子们写信，保持联系。

1970 年 12 月 8 日，陈伟华给父亲写了一封信，信中谈及了自己的学习愿望。陈云 12 月 14 日收到信件，一向重视学习的他当即回信说：“我万分欢喜（不是十分、百分、千分而是万分），你要学习和看书了。”

做好人，读好书。这是陈云对子女们最朴实的要求和愿望。

从孩子们小时候开始，陈云就鼓励他们多看书、看报，拓宽知识面。他曾经送给五个子女每人一本《世界知识年鉴》，让孩子们开阔视野，了解世界各个国家不同的政治、经济、军事情况。

陈元是陈云的长子。受父亲的影响，他从五六年级就开始看《参考消息》。据陈元回忆，那时的自己刚上初中，总是想知道世界上都发生了什么事情。于是一天悄悄地走到了父亲的办公室，自己坐在沙发上，拿起了父亲的《参考消息》。坐在办公桌前的陈云刚开始不明白陈元在干什么，结果发现陈元坐在那里认真地看着《参考消息》。他一句话也没有说，只是给了儿子一个鼓励的眼神。从此以后，陈元每天只要有时间就会去父亲的办公室看《参考消息》。“文化大革命”期间，陈云在给女儿伟华的信中表扬了陈元坚持看《参考消息》的事情，这是陈元第一次从父亲那里听到他对自己看报学习的评价。

除了鼓励孩子们养成阅读习惯，陈云更重视阅读和学习的方法，重视引导孩子们怎样正确地学习。陈云就曾经告诫陈方要锻炼自己的思维方式。他建议，看新闻报道的时候，要想一想这件事情未来可能会有什么发展，会有哪些变化。如果有条件的话，可以跟踪事件的发展。回顾当初你刚接触这件事时，你对它的判断如何，理解如何，再将实际发生的情况跟你当时的理解判断做一个对比。在陈云看来，这样可以锻炼思维方式，对一个人如何考虑问题、认识问题是非常有帮助的。

陈伟兰也记得父亲的教诲。陈云一再向她强调学哲学的意义。陈云说学哲学是一个人一生中最重要的学习过程，一个人只有掌握了好的思想方法、好的工作方法，才能够做好事情。为了更加形象地说明这个问题，陈云打起了比方，这就像扭秧歌一样。他一边说，一边从沙发上站起来，扭起了秧歌。扭秧歌是往前走两步，往后退一步，学习的过程也要进进退退，退退进进。只有这样，才能够把学习搞扎实。

在五个子女的回忆里，陈云即使在这段最艰难的时光里，仍然在坚持学习："在他下放江西的日子里，我们去看他，他给我们讲得最多的就是要我们认真读马列的书，读毛主席著作，学好哲学。"

除了学习，陈云最大的盼望可能就是孩子们的探望。

1972年，陈元写信给陈云，告诉父亲自己准备去江西办婚礼。听说儿子要来自己身边结婚，陈云非常高兴，但也一直没有声张。到了婚礼当天，陈云才请来了干休所的政委尤云儒、副所长沈玉贵，加上秘书肖华光、卫士李奇，就是全部的宾客了。

新房的布置也十分简陋，除了墙上贴着的一张红纸喜字，整个房间看不出一点新房的样子。没有嫁妆，没有贺礼，床上铺的还是从干休所借来的草绿色军被。大家一起吃了顿饭，就这样为陈元办完了婚礼。

1977年，全国恢复高等院校招生考试制度。消息传来，已在怀柔郊区当了十年教师的二女儿陈伟华兴奋不已。但此时距离考试只有两个月的时间，自己一无复习材料，二无人指导，来不及细想，陈伟华就给母亲写了一封信。在信中，陈伟华表达了自己小小的要求：听说母亲的朋友在大学工作，所以她想请这位老师给自己辅导辅导，讲讲题。母亲很快回信了，谁知道里面只说，陈云说这叫走后门，不允许伟华找老师。伟华明白了父亲的用意，转而自己埋头学习，最终，凭借自己的努力考上了北京师范大学历史系，并在大学毕业后被分配到了国家人事部工作。

在“文化大革命”中，教师一度被打成“臭老九”。因此在80年代，很多人都不愿意从事教育工作。陈云知道这件事后，一度非常忧虑。他特意通过秘书向伟华转达了自己的意见，建议师范学校毕业的伟华重回教育战线。

在慎重思考了父亲的建议后，陈伟华做出了一个在别人看来颇为意外的决定。1985年，已是国家人事部副处级干部的她自愿放弃了在机关的工作，选择回到母校北京师范大学的附属实验中学，重新当起了一名人民教师。当陈伟华将自己重回讲台的消息告诉陈云以后，陈云特别高兴，说到我举双手赞成！过了一段时间后，还特意询问伟华在学校上班的情况如何。

1985年8月27日，《人民日报》刊登了陈云为祝贺新中国第一个教师节的题词：“为人师表，无尚光荣。”这八字既饱含着陈云对广大教师的赞扬与希望，或许也隐含着对女儿自觉投身教师队伍的那一份肯定与欣慰。

父爱

在孩子们的眼里，陈云是一个要求严格但却非常慈祥的父亲。他对子女的爱总是默默地放在心里。

陈伟力依然记得，自己到江西时，陈云特意将自己住的卧室腾出来给她住，自己住在了旁边一间小房间里，而这些事陈伟力在当时都不知道，还是过了很久以后才听说的。

陈方的记忆里，父亲一直是一个将爱深藏内心的人。“文化大革命”时，北京市内经常进行大清查。走在街上随时有可能被拦下来，检查身份。曾经有两次，陈方很晚还没有回家，担心儿子安全的陈云便交代陈元出去找弟弟。陈元沿着回家的路，一个派出所一个派出所地问，转了一圈也没找到，只好回了家。结果，陈云只说了一句已经回来了。在陈方看来，陈云对子女们都特别放心不下，特别牵挂。但是，他从来不表现出来，他既不会说出来，也不会流露在情绪里，所有的一切，他都默默放在心里头。只要孩子们回来了，平安了，他也就心安了，不再多说什么。

人民公仆

1982年夏，陈云的女儿陈伟兰正在家中养病，有警卫员通知她，会议厅放电影。陈伟兰对此感到很奇怪："因为父亲一般不在家里看电影。我到会议厅的时候，电影已经开演了，放的是《人到中年》。"

《人到中年》是1983年金鸡奖最佳故事片，反映了当时的知识分子待遇问题。片中女医生陆文婷医术精湛，认真负责，但工作18年还是住院医生，月工资只有56.5元，工作和生活的重担把她压垮了。

电影放完，全场灯亮，陈伟兰看到外科专家吴蔚然教授，紧紧握住陈云的手，泪流满面。

回到办公室，陈云问陈伟兰：你觉得这部电影好看吗？我觉得这部电影非常真实，不管是描写知识分子的感情，还是描写知识分子的工作和生活，都是非常真实的。他还说了一句："这部电影是放给我们领导干部看的。"

陈云长子陈元对此事的印象也很深：

看了以后，他就很感慨，说我们国家知识分子肩负了很多工作，科研、教学这些工作负担非常重，但是家庭负担同时也很重，上有老，下有小，为了支撑这个家庭，往往都是工作过度，营养不够。所以他就强烈提出来，要改善知识分子的待遇。

在此之前的 1982 年 6 月，陈云看到北京航空学院一位老师的调查报告，其中反映了知识分子生活负担重的情况。

这位老师就是时任北京航空学会常务副秘书长的刘成功，他回忆起当时的生活状况："住在一个 16 平方米的房子里头，另外还有我岳父岳母都近八十岁的人了，每个月的收入当时就是 62 块钱，就是解决吃饭问题。东西也都比较贵，工资又少，所以买的菜都是劣等的，都是成堆的。一个月的工资花不到月底，总差个三天到五天。"

陈云随后做了调查研究，对象之一是大女儿陈伟力。陈伟力在科学院工作，她的待遇也很低。陈伟力回忆当时："房子很小。我们三个人，一个双人床放在房间里就没有什么空间了。"

了解情况后，陈云马上给中央政治局常委写了一封信：

中年知识分子生活和工作负担重，工资收入低，很多人健康水平下降。我认为，这是国家机关的一个大问题，确实要下大决心在今明两年内着手解决，不能再按部就班地搞。

在批示中，他还专门用了一个词——"抢救"。每读到这里，刘成功都禁不住热泪盈眶，他说："特别从陈云同志的批示里头提出抢救知识分子，‘抢救’二字字字千斤啊，切中了要害。”“不到一百字的陈云同志的批示，非常具体的，非常具体。特别是给中央写的那封信，我反复读了好多遍，说的道理是非常的深。”

很快，全国的知识分子普涨了两级工资，解决了燃眉之急。很多单位开始按照中央精神，逐步提高知识分子的待遇和补贴。

陈云的秘书朱佳木回忆陈云当时的话：“当时他还算过一个账，大概十几亿，他说我们搞一个项目恐怕都不止这些钱。说我们要抢救中年知识分子，要像搞基本建设一样，你把它当成一个项目，他说这些钱是花在刀刃上的，花得值得。”

作为这件事的当事人，刘成功这样评价：“我觉得陈云同志的品德是很高尚的，而且他做了具体的研究，后来在他的信里提到了 480 万，这个数字，这么具体。确实这是两级，一级 6 块钱，两级是 12 块钱，但是在当时来讲确实是给我们解决了问题。老师们听到这个消息以后都十分受教育，都是很受感动的，也表示我们的心情，我们的感谢。”

后来，一位中央领导同志来看望陈云，陈云又提到：你看过《人到中年》这个电影吗？他们生活多困难哪，应该大力发展食品工业，发展方便食品、半成品。

渐渐地，市面上有了速冻饺子、方便面等等，对于双职工家庭来说，做饭这件事，比以前容易了许多。

这件事，只是陈云 70 年革命生涯的一个缩影，对于国计民生的思考，他从未停止，可以说事无巨细。

陈云的老秘书肖华光曾说：

一年365天，没有什么节假日、休息日、星期天，一直考虑老百姓，广大老百姓的生活，所以从这个角度讲，他时刻关心人民生活。

“我们共产党是全心全意为人民服务的，首先要解决老百姓吃的问题”

1979年10月，陈云因患直肠癌住院做手术。面对病魔，他处之泰然。但是秋末的一天，收音机里将有雨雪天气的预报却让他坐不住了。陈云急切地问身边工作人员：“你们看见菜市场和大街上的人们买过冬的大白菜了吗?”

计划经济年代，大白菜长期占据着百姓的冬季餐桌。每到11月上旬，全家出动，顶着寒风排队买菜。半个月内，北京市要完成几亿公斤大白菜的砍收、运输、销售和贮存，犹如一场战役。

事实证明，陈云的担心不是多余的。中央警卫局原副局长牟信之回忆：“那一年市场上的白菜，基本上全冻烂了。所以首长知道这个事情以后，说有关部门以后一定不能再发生这样的事，这是关系老百姓一个冬天，在北京来讲一个冬天吃菜的问题。”

1982年10月25日，陈云给有关领导写信：

北京、天津烂菜问题是一个多次发生过的事情。霜降已过，十一月八日“立冬”，今年必须避免烂菜。因此，生产、流通、消费这三个环节必须立即组织好。因为菜“烂与不烂”，只有几个小时的关键时刻。大白菜是北京市民当家菜类，因此必须安排在前。

这也是他的一贯主张：“我们共产党是全心全意为人民服务的，首先要解决老百姓吃的问题。”

多方努力下，北京的冬贮白菜供应工作越做越好，“人菜两不冻”。然而，大白菜却渐渐卖不动了。

原来，改革开放后，北京市加快了住宅建设，越来越多的居民搬进了楼房，存不了多少菜，只能吃完了再从市场上购买。经济工作必须顺应时代发展，陈云批示：

城市居民贮藏有困难，但春节后吃不到便宜的大白菜又有意见。这件事要由北京市委拟出一个妥善可行的办法才好，因为这是一个长期存在的问题。

按照陈云的指示，1984 年开始，北京适当减少郊区的大白菜生产，而在远郊如河北省邻县产菜区增加定购，就地贮存。市民告别了彻夜排队，春节后也能吃上便宜的大白菜。再往后，冬季市场上的新鲜蔬菜越来越多，老百姓的食谱也越来越丰富了。

上海陈云纪念馆党总支书记马继奋向我们介绍陈云对民生的关心：“他在兼商业部部长期间，每个礼拜要去三个地方：王府井百货大楼，天桥农贸市场，北京的菜市口。别人向陈云同

陈云在北京参观人民生活消费品分类展览会

志反映了，现在女同志发卡买不到，他有意跑到女同志的化妆品柜台。然后跟他秘书说你赶紧拿一张纸给我，他在纸上写，写什么呢？某某某部长请你赶紧拨出几吨钢来，为全国每个女同志生产两枚发卡，不然的话她们要骂娘了。”

“从现在开始，对外的合同可以签了，工作可以做了，不要等待”

民生无小事，不过长期主管经济工作的陈云，关注的绝不仅仅是细节，他的心里有一本大账。

“文革”结束后，由于迫切希望发展国民经济，仓促上马的一大批项目脱离了当时的国情，中央决定用三年时间对国民经济进行调整。一些重大项目面临下马，其中包括新中国成立以来规模最大、投资金额最高的上海宝山钢铁总厂。

宝钢整个工程的建设，总投资为 214 亿元，当时相当于全国每人分摊 20 元，而且要六七年后方能建成投产。因此，要求宝钢下马的呼声一时响彻全国。

但是，宝钢工程自 1978 年 12 月 23 日破土动工，已全面铺开；现场职工已有 7 万多人；与新日铁签订的协议，进口设备正陆续运抵上海。如果下马，损失会更大。

中共上海市委党史研究室副主任徐建刚介绍：

当时这个项目不光是上海的，也是全国的。在整个宝钢建设过程当中也引起很大的争议，第一要不要全盘引进，第二用什么方法来建设这么一个现代化的工厂。因为当时规模比较大，当时国家财力非常有限。所以国内产生不同的意见，认为投资过大了，或者说整个建设规模超过了国内承受范围，或者说现代化程度脱离了我们中国的实际，这些问题整个围绕宝钢的建设。其实到最后，归结到一点还是对现代化道路的认识问题。

宝钢何去何从，中央委托陈云作出决断。陈云详细听取各方意见，于 1979 年 5 月 31 日至 6 月 6 日亲自到上海进行实地考察。

全国政协原副主席陈锦华当时是中共上海市委常委、市革

陈云到上海调查研究宝钢建设问题

委会副主任、市委副书记、副市长兼市计委主任，他认为陈云的做法非常可贵：

他并没有在这样一个情况下去讲什么话，因为他当时管这个事情他可以讲话的，而他没有讲，而是到现场去检查，到上海去调查，听专家的意见，派人到现场去看，然后找专家谈，找我们这边。

陈云 5 月 31 日到达上海，第二天上午就找上海市革委会副主任严佑民、韩哲一、陈锦华三人来，了解宝钢建设的情况。他还召集上海钢铁一厂、三厂、五厂和上海市冶金局的人员座谈，听取他们对宝钢建设的意见。他 6 月 7 日由上海回到北京，6 月 16 日主持国务院财经委员会全体会议，就宝钢建设问题提出八点总结性的意见。

心中的忧虑，陈云毫不隐瞒，他说："在近一个半月中间，我对宝钢如何建设的问题，有过三次反复的考虑。"最终，陈云提出八点意见，决定"从现在开始，对外的合同可以签了，工作可以做了，不要等待。总之，大家要同心协力，把宝钢建设好。"用一句话来说，就是"干到底"。

对于这一重大决策，徐建刚副主任评价："我觉得陈云一个是敢于拍板敢于决策，第二还是从实际出发，你现在已经投入那么多钱，如果你把它停下来什么代价？你建成的话对中国的贡献有多大？这两个账现在看起来就很明确了，大家当时可能受到很多影响，很多人觉得不一定算得很清楚，但是陈云同志还是用非常明确的方法通过算账，把这个账算给大家听，然后说服了所有人，使这个工程顺利上马。其实到最后现在来看，没有宝钢的话中国钢铁工业可能还要落后十年到二十年。"

陈锦华也说："现在来看他八点意见都是站得住的，经过时间检验是正确的。宝钢非常漂亮，应该讲宝钢的环保，按中国的话叫循环经济，科学的发展，都很好，我看了世界很多其他的钢铁厂，包括日本的、韩国的，在环保上来讲宝钢绝不在它们之下。"

宝钢建起来了，陈云却病倒了，如他所说："上半年到上海搞宝钢，后来开五届人大二次会议，只忙了 26 天，最后得了肺炎。像我这样的人，身体原来很弱，今年 75 岁了，经不起几次肺炎。"病重的陈云，回到了家中。

"人家对你鼓掌的时候，那可要小心"

被称作共和国"红色大管家"的陈云，经他手运转的财政经费、战略物资，可以兆亿计算。但是，他的个人生活却鲜为人知。

陈云谦逊低调，在他生前，有关他的书籍少之又少，甚至报刊上的报道也很少。陈云纪念馆党总支书记马继奋对我们谈起：党中央曾经三次五次向陈云同志提出来，希望他为中国革命留下宝贵的思想财富。但是陈云同志多次讲过不要宣传我，要宣传死去的同志和革命烈士。

中央安排出版的《陈云》画册，陈云收到送审书稿后，也在书桌里压了好几年。陈云的小儿子陈方回忆："他是这么说的，说这个画册我都看过了，我认为这个画册里面不光要有我，还要有党内的其他同志，一定得有他们才行。"

甚至商务印书馆的老同事请他写当年领导商务工运的回忆，他也婉言谢绝。商务印书馆的老职工、商务史专家钱普齐告诉我们："陈云说商务的工运是上海工运的一部分，要了解相关情

《陈云文选》1—3卷

《陈云》画册

况，看当年的报纸就行了，非常谦逊，不谈自己。”

有电视台拍了一部电视剧《陈云出川》，刚播出几集，陈云知道了，马上要求：“停播!”之所以这样，用陈云自己的话说：

同志们，人家对你鼓掌的时候，那可要小心。一个人在人家鼓掌时，他可以有两种态度，一是小心谨慎，一是昏头昏脑。昏头昏脑就可能是跌筋斗的候补者。

于是，直到陈云去世多年，我们才从他的家人和身边工作人员那里了解到陈云的一点生活细节。但是，第一次接触到生活中的陈云，我们不禁为他的风范所深深震撼。

“钱是老百姓的，我们不能拿老百姓的钱开玩笑”

今天我们能看到陈云的食谱，用陈云自己的话说，午饭是“楼外楼”，晚饭是“天外天”。这是什么意思呢？原陈云保健医生孙寿娟告诉我们：“楼外楼是西湖畔的餐馆，以西湖醋鱼、东坡肉闻名，陈云午饭一个荤菜、一个蔬菜，有一块鱼或肉，就叫‘楼外楼’；天外天是灵隐寺边上的素菜馆，陈云晚饭一个豆制品和一个蔬菜，就算‘天外天’。”

然而，尽管陈云到过杭州很多次，却从没去“楼外楼”吃过饭。从60年代开始，陈云都是独自吃饭。他从不请客，也不吃请。原陈云卫士长牟信之介绍：“他吃饭的特点简单，就是固定时间，固定菜谱，一年365天就是一种菜谱。说具体一点，早上一杯豆浆，一碗稀饭，一片面包，有时候两片小一点，加上点果酱。”孙寿娟也说：“中午吃一荤一素，晚上呢，就是两个素。两个素里边有一个是一年四季，365天，天天吃的豆腐。那个豆腐今天做的是红豆腐，就是放一点点豆腐乳，有一点点颜色，明天就是白豆腐，这是一个不动的菜。”

陈云吃饭总是细嚼慢咽，不急不忙。他爱吃大米饭，做饭要称重，中饭100克、晚饭75克。米饭吃完，一粒米也不剩，米粒掉到桌上要拣起来吃掉。这个简单的食谱常年不变。陈方说：“过年过节加两个菜，他说不用，我现在天天就是过年过节。”陈云有一次在上海过春节，中共上海市委原常委、秘书长王力平去给他拜年时正赶上他的年夜饭：“因为过年，看看他，其实还是那老三样。给他拜年，他也笑一笑点点头，跟我说拜年拜年。我一看还是那一套，还是那一碗大米饭，一碗豆腐，几个花生米，大概还有点鱼。”

陈云体弱多病，医务人员希望给他加一点补品，却难于登天。孙寿娟医生回忆：“我们医疗组大家就提出来，就是光他那么一点菜，营养不够，要给他增加一点营养。那么提出来就是要给他一点蛋白质，那么就是说，用一点海参，或者一点鱼翅这些东西，胶原蛋白。结果给他讲，他说什么，那是地主老财吃的东西，我不吃，他不干。那最后没办法，就是用了什么办法呢？就是捣碎了，搞成一个汤，喝一点点汤，他不知道，他不知道这里面是什么，那么给他增加一小碗汤，给他增加一点抵抗力。”

1952 年 8 月至 9 月，以周恩来为首席代表的中国政府代表团前往苏联访问。其中，作为全国财经工作负责人的陈云，肩负着征询苏方对中国“一五”计划意见，以及商谈苏联援助具体项目的重要使命。为了国际礼仪和国家形象，出国前，有关部门为陈云制作了一套灰色毛料中山装，作为参加外事活动的“礼服”。这也是陈云第一次穿毛料中山装。陈云的长子陈元告诉我们：“到他去世再没有做过呢子毛料子的衣服，后来做过一身布料的，虽然穿得旧了，扣都松了，衣角都磨毛了，褪色了，他也不换。包括在重要场合，党代会上，重要的会议，他就穿着他一身布衣的中山装。”

生活中的陈云，冬天穿一件棉布军大衣，春秋穿一身半新半旧的深灰色咔叽布中山装，脚上是一双黑布鞋。对于这仅有的两身“正装”，他非常爱惜，非公务活动从来不穿。但由于工

8月24日中国政府代表团在莫斯科白列宁墓献花圈。前排左起：周恩来、陈云

作繁忙，穿的次数还是太多了，很多地方出现了磨损的情况。老秘书肖华光想了一个办法："请上海洗染店的老师傅给他补一下吧。当时洗染店的老师傅知道这是国家领导人陈云同志的衣服的时候，他们都很感叹，说陈云同志生活那么艰苦啊。"

"正装"如此，其他衣服就更不用说了，一件伴随陈云直至晚年、用口罩做补丁的睡衣最是典型。原陈云警卫员赵天元说："陈云同志有三条毛裤，从厚到薄，我们给它叫一号、二号、三号。他这三条毛裤，都是补丁落补丁很多补丁，大部分都是于若木同志给他补，补的时候用旧的破秋衣秋裤这样的料来做补丁。"

像旧睡衣、旧毛裤这样的"老朋友"，陈云还有很多。比如，一个从30年代一直用到去世的刮胡刀，如今保存在上海陈云纪念馆。马继奋书记介绍："陈云当时是在上海地下党人的帮助下，登上了一条到海参崴去的苏联货船。这个时候他猛然想到自己刮胡子的这个东西没有，想上岸，又怕暴露身份。当时就找了一个水手，上岸去给他买了一把吉利牌的刮胡子的五片刀片，一把胡须刀。实际用时来讲，伴随了他五十多年。”

在生活用品方面，陈云的节约也是出了名的。赵天元回忆：“不管是洗手还是洗脸，特别注意节约用水，他的水龙头，只要一洗完直接赶快关。比如他洗头，他用一茶缸水就洗了。”铅笔、肥皂都要用到只剩一点点，毛巾要用成“四穿牌”。女儿陈伟华给我们解释：“整理他的衣服的时候，看见穿的那个内衣、秋衣、秋裤很多都是破的，补了一层又一层的，这个确实挺感人。他那个毛巾上面好多洞他还用，他管这个叫‘四穿毛巾’。”

陈云的简朴，也影响到第二代、第三代，陈云去世多年以后，家里的洗手间仍然贴着“节约用水”的字条。陈元说：“在他身上，我们确实体会到了和看到了，艰苦朴素真正的含义。什么样才是艰苦朴素，我父亲这样就是真的艰苦朴素。”

陈云和“钱”打了一辈子交道，关于“管钱”“用钱”最有心得，他经常语重心长地告诫财经干部：

钱是老百姓的，我们不能拿老百姓的钱开玩笑。接触钱财物的机会越多，越要廉洁奉公，同每一元钱作斗争，个人不动用公家一元钱！

陈云纪念馆中保存着三份收据，正是陈云“同每一元钱作斗争”的“战利品”。“文革”中，陈云被下放到江西，长女陈伟力来帮忙做饭，在那里待了10个月。陈伟力回忆，临走前父亲对她交代：“你到江西来照顾我，没有在单位上班，这个工资是不能拿的，要把这个工资退还给公家。”所以陈伟力回去后就把10个月的工资退还给了物理所，物理所给她开了一张收据。无独有偶，一次妻子于若木也因此退了工资。80年代末，中央关于征收个人所得税的决定刚刚通过，陈云马上前往交税，有关部门的发票还没有来得及做出来，陈云表示决不能等到下个月，于是就有了一张手写的缴税收据。

北京西城区北长街71号的陈云旧居，如今已经难觅踪影。自1949年进京，陈云一家人在这里住了整整30年。

1961年11月上旬，一场寒流袭击了北京城。这天上午，周恩来总理收到一个字条。原周恩来警卫员成元功清晰记得当天的情景：

一天上午，10点多钟，总理起床以后，一进办公室就看到秘书写了一个汇报条说陈云同志感冒了，发烧，主要原因是因为天气太冷，他不让烧暖气，感冒的。

周总理看后十分焦急，马上从中南海前往北长街的陈云住所，发现陈云正裹着被子看文件，仍禁不住瑟瑟发抖。成元功说：“总理一到跟前就说，陈云同志啊，天气这么冷你也不让烧暖气，你看这感冒了、发烧了不都耽误工作嘛。暖气从现在开始马上烧，这一点你们要听我的。”然而，陈云却坚持道：“11月15日，供暖的时间是我定的，我不能破这个例。”

1976年唐山大地震，陈云住地的房子成了危房，很多裂缝能伸进两个手指头。房管部门决定改造翻建，通知陈云马上搬家。陈元谈起陈云当时的反应："最后他想了想，说我不干。他说我一辈子管全国的基本建设，我不能为自己动一砖一瓦，更不能为自己盖房子。"那么，安全问题又怎么解决呢？马继奋书记告诉我们："工作人员为了陈云同志的安全，在他办公室和他的卧室就搭起了钢的支架。"于是，就留下了一张奇特的照片，陈云摆弄着他的古董唱片机，身边赫然耸立着一组钢架。

陈云最重求真务实，深入基层调查研究是他每年都要做的事情。但是陈云外出，不坐飞机，也不坐专列。陈伟华说："我以前知道爸爸出去都坐公务车，就是在列车后头挂一截公务车。那会儿不懂，我以为爸爸他没有资格坐专列。后来实际上是到改革开放以后，我听工作人员讲我才知道的，爸爸完全可以坐专列，但是他根本不坐。"坐火车，陈云总要早到几分钟，对此他有一套独特的计算方法。原陈云卫士长牟信之告诉我们："他说一列火车是一千三四百人。他说我迟到三分钟，火车晚开三分钟，就等于浪费了 72 个小时，三天。"

陈云在地震后的北长街办公室

出差到了地方，"不迎不送，不请不到"，是陈云非常著名的原则，雷打不动。当时在上海负责接待工作的王力平回忆："他还没来，他就让身边的工作人员给我们打

1982年春，陈云在杭州灵隐寺

招呼，说他有一个规矩，叫做不迎不送，不请不到。就是说，领导同志不许到机场码头宾馆迎送，他来就来了，你们用不着来接我，我走就走了，你们也不要来送我。”

出生于江南的陈云最喜欢的城市是杭州，杭州的气候对他的身体也有好处，但很长时间陈云却不愿在杭州过冬。其中的隐情，只有浙江省曲艺家协会名誉主席施振眉知道：

就是生炉子这件事情上，他想不要搞特殊化，南方家里不大生炉子的，他说不要为了我，特地叫人家宾馆生炉子。我后来一讲，改革开放以后，变成宾馆，对外开放了，有住外宾、也有住内宾的，其他几幢楼，冷了都要放暖气的，是不是？所以这样他那一年冬天也许听了我的建议，就来杭州过冬了。

“个人名利淡如水，党的事业重如山”

可能很多人不能理解，陈云这种严格得近乎苛刻的廉洁自律，是为了什么呢？1984 年的一天，陈云像往常一样在家中练习书法，时年 80 虚岁的老人在明窗净几前挥毫写下了这样一个条幅：“个人名利淡如水，党的事业重如山。”这是他在耄耋之年对自己一生奋斗历程的总结，也是对党内同志的谆谆教诲。

陈伟力时常回忆起父亲的一言一行：

他说他时刻想着，他的所作所为都关系到共产党在老百姓心目中的声誉，所以他做事情非常的谨慎，非常的小心。他说我一定要让老百姓的生活一年比一年有所提高，他说这样大家才会说共产党好。

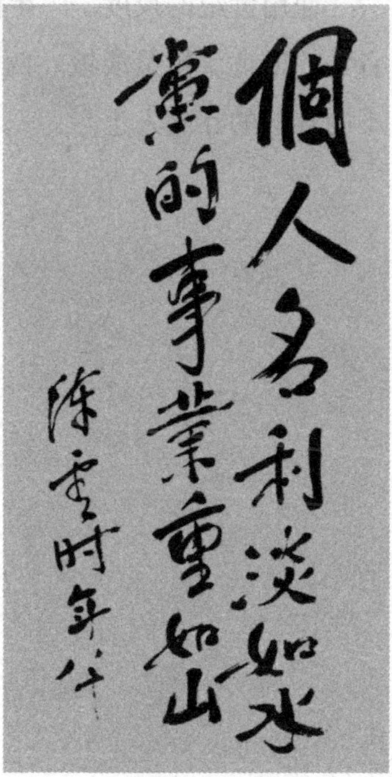

陈云手书

“何畏衣冠陋？只恐见识穷。”像陈云这样的老一辈无产阶级革命者，他们的生活习惯与凌云壮志之间总是有着一种简单、朴素而又深刻的辩证关系：革命的目的，就是为了“给人吃好饭”；而自己，则“衣不求华，食不厌蔬”。陈方认为父亲的节约也是一种养生：“他的身体全都贡献给他的理想和为国家，为老百姓多做点事，他绝不多浪费一点自己的精力。”

“个人名利淡如水，党的事业重如山”，这也包含着一位伟人的信念与执着。早在延安时期，陈云就提出：

同志们如能为群众服务，解决他们的吃饭穿衣问题，就是群众中间的领导者，就是一个十足的革命者。

他用世纪的尺度、一生的践行，履行了一位“十足的革命者”的诺言。粗茶淡饭、两袖清风，点滴细节构成了布衣陈云不同凡响的壮阔人生。

晚年情怀

1986年9月，中共中央召开第十二次中央委员会第六次全体会议，通过了《关于召开党的第十三次全国代表大会的决议》，决议决定：中国共产党第十三次全国代表大会，将于1987年10月在北京召开。

三位老人的秘谈

在本届政治局常委中，除胡耀邦、赵紫阳还比较年轻外，邓小平、陈云和李先念三位老人，几乎都是耄耋之年，邓小平和陈云年过八十，李先念也接近八十岁。岁月不饶人，党的领导集体必须尽快实现新老交替，为党工作了一辈子的革命家们，心想着要尽早从领导岗位上退下来。

十二届六中全会开完不久，邓小平和陈云、李先念等人经受着失去战友的痛苦。几位与他们共同战斗了几十年的老战友相继离开人世，让他们感慨万千：先是73岁的一代名将韩先楚，接着是两位元帅——94岁的刘伯承和89岁的叶剑英。

1986 年的 10 月 29 号是叶剑英同志去世的追悼会，在那次追悼会结束的时候，邓小平、陈云、李先念三人相约找个时间一起谈谈。

10 月 31 日上午，邓小平和李先念相继来到陈云家中，进行了一次长时间的重要谈话。

三位老人单独相会，这是很难得的事，身边工作人员赶紧为他们拍了几张照片，还没有等身边的人忙活完，他们便将工作人员支出了办公室。这次谈话意义非同寻常，谈话内容也是秘密的，连身边的工作人员也不知道三位老人谈了些什么。

从这天以后，陈云一直未公开露面。往年党和国家领导人都要在元旦、春节期间有所活动，新闻媒体也会有所报道，而

1986 年 10 月 30 日，陈云同邓小平、李先念商量一起退下来

1987年元旦、春节这两大重要节日，却都没有陈云的消息。

陈云在公众面前的“消失”，引起外界对他健康状况的猜测。某些大陆外的报纸甚至报道说，陈云已经“半身不遂”“重病在身”，境外舆论一片哗然。

1987年10月19日，由陈云担任第一书记的中共中央纪律检查委员会在北京召开。这次会议提出，陈云将不再担任中纪委第一书记，要退下来。对陈云退下来这件事，中纪委的同事也想不通。

为了让大家理解自己的想法，陈云在会上公布了上年10月与邓小平、李先念秘密谈话的核心内容：“去年10月小平同志、先念同志和我共同商定，十三大时一起退下来。这是党的事业的需要。”

原来，那一次三人商谈的内容是关于退休的计划，由于涉及中国最高层的人事变动，从稳定的角度出发，三位老人采取了保密的做法。

但无论是中共中央委员会的同事还是中央纪律检查委员会的成员们，都不同意“三老”全退，不愿接受他们“十三大时一起退下来”的请求。愿望没有完全实现，三位老人只好采取“半退”的方式，先在十三大时退出中央第一线领导岗位。

由于还不能“全退”，陈云只能服从中央委员会的决定，参加中央顾问委员会的工作。11月1日，十三大选举产生了由200人组成的第二届中央顾问委员会。11月2日中共十三届一中全会举行，会议批准陈云为中顾委主任。

“桐花万里丹山路，雏凤清于老凤声”

中共十三大结束以后，《人民日报》于 11 月 3 日发表了一篇重要社论，题目为《意义重大的一步》，人们从这篇社论中，既读出了一些诗情画意，又品味出了它的政治意义。社论引用了四句诗，意味深长。先引用的两句是：“新竹高于旧竹枝，全凭老干相扶持。”这两句诗出自清代书画家郑板桥。后引用的两句是：“桐花万里丹山路，雏凤清于老凤声。”这两句诗出自唐代诗人李商隐。

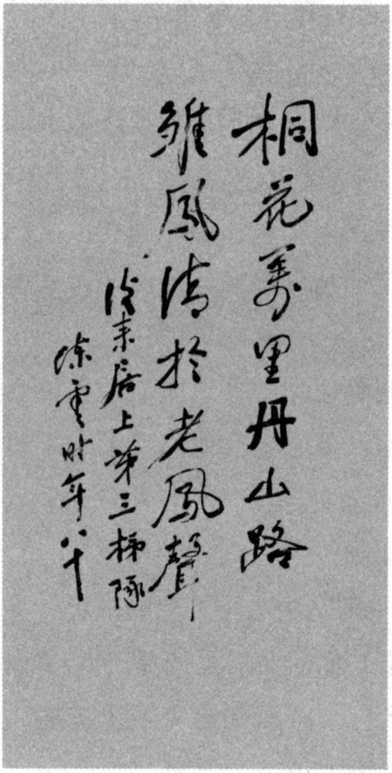

陈云 80 岁时书写的唐诗诗句

这几句诗，恰恰是陈云晚年特别喜好的和经常书写的。在 80 岁那年，陈云写李商隐的“桐花万里丹山路，雏凤清于老凤声”诗句时，陈云特意在条幅上补写了“后来居上第三梯队”几个赠言。陈云借古人名言，隐喻党的事业后继有人，他深信年轻一代的领导人会干得更好。

在这几幅字中，我们可以看出他的心境。题词的末了，还有这样一个寓意很深的落款：陈云，时年八十。这是陈云晚年题词的习惯，即署上自己的虚岁年龄。

陈云曾说：我们这些人快要“告老还乡”了。解放时，我45岁。那时，可以三班倒、四班倒，上午、下午开会，晚上同周总理谈，午夜去找毛主席，安排得满满的。现在我一个星期只能工作两个半天，多了不行。

陈云越发感到进一步实现干部队伍“交班”，尽快实现新老交替，使党的事业更加兴旺发达、生气勃勃、后继有人，这个问题刻不容缓。干部队伍青黄不接的情况很严重，当时，在干部年轻化方面的一个最大障碍，是选拔高级干部上顾虑太多，思想放得不够开。

1981年3月，在给全国政协副主席陆定一的一封回信中，陈云讲到国家的一些大政方针，他曾这样说：现在部长一级、省委第一书记一级都是六十开外了。如不在这一两年中提拔一批青年干部，则将是极大危险。

尽管“阻力很大”，但为让中青年干部能尽快走上领导岗位，陈云不仅“为此而呼吁”，而且不断地采取特殊的措施。陈云认为，要实现“接班”，所需要的干部就不是一两千的问题，而是成千上万的问题。

1981年5月下旬，陈云将自己在杭州休养期间特意写作的《要成千上万地提拔中青年干部》一文，分别送给胡耀邦和邓小平。文章指出了党内在干部问题上面临的两种选择，以极重的语气这样说：目前在我们面前放着两种办法由我们选择：一种选择，继续不警惕党内干部青黄不接的情况，不采取果断措施，任其继续拖下去。另一种选择，从现在起，就成千上万地提拔培养中青年干部，让德才兼备的中青年干部在各级领导岗位上锻炼。

陈云的这篇文章，后来印发了参加中共中央政治局扩大会议的各同志和参加中共十一届六中全会的所有代表。

此后，陈云又进一步思考第三梯队的建设问题。1983 年 6 月，在中央工作会议上，他就接班人培养问题又发表了重要意见，特别提到培养第三梯队的问题。他说："我们搞革命、搞建设，搞得热热闹闹，切莫忘了要后继有人。现在，我们党的第二梯队已经基本建立起来了，第三梯队也已经有了一定的数量。今后全党要努力把第三梯队建设好。"他提出建立第一、第二、第三梯队，使党保有一支老中青相结合的能够适应现代化建设的干部队伍，这是决定党和国家前途的一项战略任务。

事实证明，陈云关于培养和选拔成千上万德才兼备的中青年干部的思想，对党的建设，特别是党的干部队伍建设起了重大作用。这一工作为我们党造就大批跨世纪领导干部奠定了坚实的基础。

"少做就是多做，多做就是少做"

中共十三大以后，"半退"的陈云，更加注意采取"少做就是多做，多做就是少做"这种工作方式。"少做就是多做，多做就是少做"是陈云在 80 岁前后讲得最多的话之一，他经常在老同志和熟悉的人中讲这个道理。

他曾对身边工作人员说:“我这句话的意思，是针对中央的老同志在工作中要注意身体来说的。多做了工作，如果累坏了身体，其实也就是少做了工作；少做了工作，而保障了身体健康，也就可以多做工作。”

就多做与少做的关系，陈云还手书了不少条幅，赠送一些老同志。他给中共中央书记处书记、全国人大常委会副委员长陈丕显写的条幅是:“多做少活，少做多活，多活就能多做。”给中央顾问委员会副主任薄一波写的条幅是：“多做就是少做，少做就能多做。”

于若木曾回忆:“多做就是少做，少做就是多做。这一点陈云掌握得非常好，他自己规定，一个星期见客不能多于两次，抓住主要矛盾，关键的事情解决了，其他次要的就迎刃而解。”

陈云晚年的工作，正处在历史性的转折和现代化建设时期，党的事业需要他们这些德高望重的老一辈无产阶级革命家，在关键时刻继续发挥关键作用。陈云从这个大局出发，根据自己的身体，坚持量力而行地工作，坚持做他认为最必要的工作。

他还经常提醒比他年轻的中央领导同志，不要每天都是三班连续干，上午、下午、晚上都办事。他认为，必要的事情，必要的时候，要这样做。但是，三班经常都排得满满的，总不是个办法。他说，开会不要开死人。

陈云曾说自己是一辆“木炭汽车”，走走停停，走几里路，就要停下来，加加热，修理修理，有时还要人推一推。

正因为本身身体条件不好，陈云深知“养生之道”，他深知多做和少做、工作和健康之间的关系。

1979 年秋，陈云因病住进北京医院，通过检查，确诊为结肠癌，必须立即手术。对于一位 74 岁的老人而言，这无疑有着很大的危险性。

陈云对医生吴蔚然说：“你给我做手术，只要让我再活三年就行了。”这次手术十分成功，不过 4 个月的时间，陈云就出院了。

陈云专门为自己制定了一个“两年计划”。其实陈云是把生命中所要做的事，计划在两年之内。有一次李先念见陈云时说：“你也做一个五年计划嘛。”陈云回答：“我还是做两年计划，两年计划比较牢靠。”

“两年计划”，实在不是太长的时间，陈云的愿望，带有着一种“烈士暮年，壮心不已”的情怀。

事实上，陈云完成了一次又一次的两年计划。除了他的健康心态，这样的成绩恐怕与陈云注重锻炼，陶冶性情分不开。

“吃饭留三口，饭后百步走”

“吃饭留三口，饭后百步走”，这是陈云常常挂在嘴边的名言。

陈云有自己的方式用以加强身体锻炼。每天坚持散步，就是陈云锻炼身体的主要方式。晚年提起散步，他曾自豪地对陪同散步的身边工作人员说过：“1962 年在杭州，我每天上午在苏堤走 2800 米，从苏堤北头开始，走到花港观鱼坐车回去，这是 2800 米。下午也走 2800 米，晚上走 2000 米。”80 岁以后散步，陈云只能量力而行了。一开始，他坚持每天散步三次，上午走 40 分钟，下午走 30 分钟，晚上减少为 20 分钟。一年以后，根据身体情况，散步时间又减少为每天上、下午各走 20 分钟，晚上走 10 分钟。随着年龄的增加，他的散步时间也逐渐递减，但却一直坚持着，直到最后住进医院。

到了 80 岁的时候，陈云过着相对“悠闲”的生活。为锻炼身体和陶冶性情，他开始用站立着、手腕悬空的方式练习毛笔字。据身边工作人员介绍，只要身体情况允许，他始终都坚持练习，一直练到 90 岁，十年如一日。

在陈云晚年，他的手上总离不开两个油亮的核桃，这是陈云的“健身球”。陈云的女儿陈伟华记得，父亲陈云七十多岁的时候，医生建议他多活动活动关节。当时，陈伟华还在北京怀柔辛营公社的农村小学工作，那里盛产核桃。后来陈云问，能不能从农村找两个核桃，用来活动手部关节？于是陈伟华就到郊区选出两个特别匀称的、个大的核桃送给父亲。陈云将这对核桃放在他的沙发旁边，听评弹的时候，思考问题的时候，还有秘书给他读文件、读报纸的时候，他手里就转动着核桃，他常常对家人讲——这就是我的健身球。

“做一个革命者，就要准备为革命奋斗到底”

从 1987 年中共十三大到 1992 年中共十四大的这五年，是陈云由“半退”完成彻底“全退”的五年，是陈云按照中央的要求，带领中央顾问委员会继续完成新老交替和传帮带的五年，也是陈云顺利地完成中顾委历史使命的五年，同时还是陈云晚年政治生涯中最后在党内担任职务的五年。

1992 年初，邓小平在南方发表重要讲话，改革开放进入一个新阶段。在邓小平视察南方讲话精神的指引下，在同年 10 月召开的十四大上，确定把建立社会主义市场经济作为经济体制改革的目标模式，同时决定不再设立中央顾问委员会。自此，陈云开始过起退休生活。

陈云退休后，每天仍坚持听新闻广播、看报、看文件，关注国内外发生的大事。

陈云在晚年有一句名言曾令人记忆犹新——“既扫自己门前雪，又管他家瓦上霜。”

在陈云的心里，尤其让他挂念的，是中国千千万万少年儿童的健康成长。1994 年 4 月初，陈云从新闻联播里听到中央机关为希望工程捐款的消息，他要求工作人员立即从他的存款中取出 5000 元钱，捐助给革命老区、贫困地区的失学儿童。这笔钱落实到河南省卢氏县汤河乡和朱阳关乡的 16 名失学儿童身上。11 月，中央办公厅信访局转来了这 16 名小学生写给他的信。他说，我们是社会主义国家，绝不能让儿童失学，应该动员全社会力量来解决这个问题。

不久，他在病床上听到中央号召为贫困地区捐赠衣服、被子的消息，他告诉妻子于若木立刻筹备捐赠事宜。全家除捐赠了几十件衣服外，还特意以陈云的名义捐赠了一条崭新的丝棉被子和床单。陈云觉得能给贫困地区捐赠物资，十分开心。当工作人员向他报告，捐赠的被子和床单已经送给了贵州遵义地区的一位前志愿军战士时，他专门把于若木叫到病床前，亲自告诉她这个消息。

1994 年 5 月 25 日，陈云因左肺有轻度的炎症，住进了北京医院。在医院治疗过程中，当身体的恢复稍微好一点的时候，他曾几次向专家提出什么时候能够回家这类问题，他还想尽最大努力进行力所能及的工作。专家总是回答说："等您的身体完全恢复以后可以回家，但现在不行，因为家里没有这样的医疗条件。"

即便是住院期间，陈云仍然关心着国家大事。

陈云在住院的日子里，每天不可或缺的一件事，就是要听

陈云的骨灰撒埋在八宝山革命公墓一株茁壮的雪松下。图为陈云亲属在撒埋骨灰

新闻，并要秘书每天给他讲讲国内外大事。有时他白天因发烧昏睡，晚上退烧清醒时，也会把秘书找去讲讲当天新闻。

1995 年 4 月 10 日上午，这个有着 70 年党龄的老人，缴纳了一次含有特殊意义的党费。

这张弥足珍贵的收据，长 19.4 cm，宽 9 cm，收款单位一栏用蓝黑墨水清晰地写着“中央办公厅机关党委”，收据日期“1995 年 4 月 10 日”，盖单位公章。这张收据，印证了陈云自己为革命奋斗到底的一生。什么叫到底，就是到人死的时候，用陈云家乡上海话说叫“翘辫子”的时候。通过这些党费收据，我们能够感受到陈云强烈的党性观念和原则。

就在当天下午两点零四分，陈云静悄悄地离开了。

没人知道这位老人最后一个两年计划还有什么未完成的心愿，然而为共产主义事业奋斗到底的坚定信念却深深地烙印在每个人的心里。

后 记

陈云同志是伟大的无产阶级革命家、政治家，杰出的马克思主义者，中国社会主义经济建设的开创者和奠基人之一，党和国家久经考验的卓越领导人，是以毛泽东同志为核心的党的第一代中央领导集体和以邓小平同志为核心的党的第二代中央领导集体的重要成员。陈云同志在七十多年的革命生涯中充分表现出的无产阶级革命家的气魄、胆略和高超政治智慧，形成的崇高思想、品德和风格，为我们树立了光辉的榜样。

为纪念陈云同志诞辰 110 周年，中共中央文献研究室组织上海市委宣传部、上海陈云纪念馆、中央新闻纪录电影制片厂（集团）联合拍摄了文献电视片《陈云的故事》。本书以同名文献纪录片为基础，充分运用了摄制过程中一百多位亲历者，包括陈元同志等陈云同志亲属、陈云同志重要经历和重大决策的见证人以及身边工作人员等的采访内容，结合相关照片、档案文献资料，通过这些亲历者和见证人的回忆，讲述陈云同志鲜为人知的故事，展现一代伟人崇高的精神风范和独特的人格魅力。

书中内容许多来自第一手资料及有关档案，有些系第一次公开披露。

本书的同名纪录片由中共中央文献研究室、中共上海市委宣传部、上海陈云纪念馆、中央新闻纪录电影制片厂（集团）联合摄制。该纪录片在拍摄过程中得到了有关单位和各界人士的大力支持和帮助。在此，谨致以衷心的感谢。

编者

2015 年 5 月